迈向智慧校园的实践应用研究

邢 强 著

图书在版编目（CIP）数据

迈向智慧校园的实践应用研究/邢强著.—北京：中央编译出版社，2022.11
ISBN 978-7-5117-4302-2

Ⅰ.①迈… Ⅱ.①邢… Ⅲ.①智能技术—应用—学校管理—研究 Ⅳ.①G47-39

中国版本图书馆CIP数据核字（2022）第193016号

迈向智慧校园的实践应用研究

责任编辑	李媛媛
责任印制	刘　慧
出版发行	中央编译出版社
地　　址	北京市海淀区北四环西路69号（100080）
电　　话	（010）55627391（总编室）　（010）55627319（编辑室）
	（010）55627320（发行部）　（010）55627377（新技术部）
经　　销	全国新华书店
印　　刷	天津雅泽印刷有限公司
开　　本	710毫米×1000毫米　1/16
字　　数	150千字
印　　张	10
版　　次	2022年11月第1版
印　　次	2022年11月第1次印刷
定　　价	50.00元

新浪微博：@中央编译出版社　　微　信：中央编译出版社（ID：cctphome）
淘宝店铺：中央编译出版社直销店（http://shop108367160.taobao.com）（010）55627331

本社常年法律顾问：北京市吴栾赵阎律师事务所律师　闫军　梁勤
凡有印装质量问题，本社负责调换，电话：（010）55626985

目 录

第一章　智慧校园概述 …………………………………………… 1

　　第一节　智慧校园的兴起 …………………………………… 1
　　第二节　智慧校园的理论基础 ……………………………… 5
　　第三节　智慧校园的特征 …………………………………… 14
　　第四节　建设智慧校园的意义 ……………………………… 18
　　第五节　智慧校园研究现状 ………………………………… 20

第二章　智慧校园的架构和内容 ………………………………… 26

　　第一节　智慧校园的"智慧"表现 ………………………… 26
　　第二节　智慧校园的总体目标 ……………………………… 29
　　第三节　智慧校园的体系架构 ……………………………… 30
　　第四节　智慧校园的核心内容 ……………………………… 35

第三章　智慧校园的核心技术 …………………………………… 45

　　第一节　移动互联网技术 …………………………………… 45
　　第二节　物联网技术 ………………………………………… 49
　　第三节　云计算技术 ………………………………………… 57
　　第四节　虚拟技术 …………………………………………… 63

第五节　大数据技术 …………………………………………… 67
　　第六节　人工智能技术 …………………………………………… 72

第四章　智慧校园的建设规划 …………………………………………… 79
　　第一节　智慧校园的战略规划 …………………………………… 79
　　第二节　智慧校园的功能分析 …………………………………… 88
　　第三节　智慧校园的设计方法和原则 …………………………… 97
　　第四节　智慧校园的组织机构和制度建设 ……………………… 99

第五章　智慧校园应用系统建设 ………………………………………… 101
　　第一节　智慧校园基础设施建设 ………………………………… 101
　　第二节　智慧校园业务系统建设 ………………………………… 111
　　第三节　智慧校园数据中心建设 ………………………………… 113
　　第四节　智慧校园云平台建设 …………………………………… 118
　　第五节　智慧校园服务门户和平台建设 ………………………… 124
　　第六节　智慧校园站群系统建设 ………………………………… 129
　　第七节　智慧校园统一身份认证体系建设 ……………………… 133

第六章　智慧校园的管理实施 …………………………………………… 138
　　第一节　智慧校园的安全 ………………………………………… 138
　　第二节　智慧校园的维护 ………………………………………… 145
　　第三节　智慧校园的应用推广 …………………………………… 147
　　第四节　智慧校园的评价反馈 …………………………………… 148

参考文献 …………………………………………………………………… 152

第一章 智慧校园概述

第一节 智慧校园的兴起

一、智慧校园的兴起

智慧校园来源于智慧地球的概念,在 IBM 发布的《智慧地球赢在中国》白皮书中,IBM 对智慧地球进行了如下阐释。

首先,它是信息技术视野下一种新的理念、新的管理模式,变革了人与人间的关系、人造系统与自然的交互方式,其目的是致力于解决当今世界面临的问题。其次,要具有系统性思维,这样才能最大化系统的智慧行为,产生最好的效果、最大的效率,而且这种系统性智慧行为在整个生态系统中能够自我变革并具有洞见能力。其三,涵盖了"智慧"的传统含义,但又不是简单的引用其含义,具有信息时代特有的数字化、数据化、网络化、智能化外延。智慧地球一经提出,就在国际上产生了巨大反响,渗透到信息化相关的各个领域,催生了许多新的概念,智慧校园就是其中之一。

数字校园是教育信息化发展到一定阶段的必然产物,它在教育现代化进程中发挥着不可替代的重要作用,成了突破"信息孤岛"的利器,被赋予了"整合优质教育资源、打破部门之间信息壁垒、为教育教学提供优质服务"的重任。随着物联网、云计算等新一代信息技术的迅速发展,以用户为中心、协同创新、开放创新为主要特点的用户参与的知识社会创新

2.0环境正在悄然形成。"智慧地球""智慧国家""智慧岛""智慧城市""智慧校园""智慧教室""智慧学习环境"等逐渐进入了人们的视野,给人们带来一种智能化程度极高的用户体验,使人们最大限度地享用技术发展的成果。

技术对教育变革的影响极其漫长,但这次的影响极其迅速,教育领域很快接纳了"智慧"这个词。在教育领域能否实现"智慧"还在争论的时候,意识超前的专家学者对"智慧校园""智慧教室""智慧学习环境"进行了探索,教育中的"智慧"应用正在开展。例如,黄荣怀教授等发表了系列论文对智慧学习环境的概念与内涵、构成要素和技术特征[1],支持智慧校园建设的五种关键技术[2]、智慧学习环境中的学习情景识别[3],智慧教室的"SMART"(Showing, Manageable, Accessible, Real-time Interactive, Testing)模型概念[4]等进行了探讨[5]。陈卫东等对未来课堂的特性、智慧性体现、智慧学习环境的实现技术等进行了探讨。江南大学、厦门大学等已经将智慧校园建设付诸实践,典型智慧应用正在逐步开展,如手机开门、借书、考勤、消费,电子围篱,车牌自动识别,水电自动监控,移动智能卡,学习过程自动分析,学习情景自动识别,等等。随着人们信息化水平的提高,人们对技术发展的依赖性正逐渐增强。尽管智慧学习环境的研究和实践探索才刚刚开始,数字校园作为学习环境的重要组成部分,其发展必将趋向于智慧化,智慧校园将会成为数字校园未来发展的形态。

---

[1] 黄荣怀、杨俊峰、胡永斌:《从数字学习环境到智慧学习环境》,载《开放教育研究》,2012年第1期,第75—84页。

[2] 黄荣怀、张进宝、胡永斌等:《智慧校园:数字校园发展的必然趋势》,载《开放教育研究》,2012年第4期,第12—17页。

[3] 张永和、肖广德、黄荣怀等:《智慧学习环境中的学习情景识别——让学习环境有效服务学习者》,载《开放教育研究》,2012年第1期,第85—89页。

[4] 黄荣怀、胡永斌、杨俊峰等:《智慧教室的概念及特征》,载《开放教育研究》,2012年第2期,第22—27页。

[5] 陈卫东、叶新东、许亚锋:《未来课堂:智慧学习环境》,载《远程教育杂志》,2012年第5期,第42—49页。

二、智慧校园兴起的原因

(一) 数字校园有其固有缺陷

由于理念的限制和技术的不足,数字校园建设存在很多问题,主要有数据化程度不足、校园内各机构协同不足、信息化是静态的。智慧校园可以给这些问题的解决提供方法。数字校园建设的成果是信息化进入另一个阶段,校园进入数字化形态,各项应用基本符合信息社会的基本要求,可以给教育教学、科学研究、人才培养带来一定的进步。

大数据时代,数据成为基础设施一样重要的基础资源,谁拥有的数据量越多、类型越丰富、数据存储与分析能力越强,谁就能预测行业发展方向,指导未来的行业发展。教育事业作为国家和民族最为重要的、最为广泛存在的事业,尤其如此。尽管数字校园建设已进行多年,有各种各样功能的应用系统,但当前对教育大数据的研究和实践应用还比较少,采集手段还比较单一,数据分析能力还比较薄弱,因此很难通过数据指导教育决策、教学行为,遑论预测未来、指导未来了。

(二) 教育信息化未来发展的方向和趋势

教育信息化基础设施建设的发展主要体现为:互联网协议从 IPv4 到 IPv6;从普通教室和实验室到计算机机房、多媒体教室、虚拟实验室、仿真实验室、智能教室、智慧教室等。数字化资源建设的发展主要体现为:从纸质试卷到网络试卷;从纸质教材到电子教材、立体化教材;从传统课程到网络课程、MOOC、SPOC、智慧课程;从 PPT 到多媒体课件、APP、3D 资源、仿真资源等。信息化应用的发展主要体现为:从垂直管理到扁平化管理;从重点关注应用到重点关注有效应用;从校校通到班班通、人人通;从信息技术与课程整合到信息技术与课程融合。总体来看,教育信息化从最初的关注基础设施建设,到关注数字化资源建设、教育信息化应用效果,再到重点关注教育信息化如何彰显价值,即重点关注教育信息化成本效益,利用教育信息化创新与变革教育,从而提升学校办学水平。智慧校园的出现顺应了教育信息化发展的客观规律，是教育信息化进程中的必然产物。

（三）智慧教育提升教育信息化价值

智慧教育、智慧校园已经不再停留在理念阶段，而是处于起步乃至快速发展阶段：一方面智慧校园的建设要克服数字校园建设、应用和管理的不足，实现校园教育环境"数字化、网络化、智能化"；另一方面要为教育信息化的发展乃至教育现代化的实现提供强大的推动力，肩负重要的历史责任，智慧校园建设好坏影响广泛，因此，智慧校园的智慧性设计、方法应用，智慧校园如何建设，智慧校园的管理，智慧校园的理论创新等研究非常有必要。可以说，要实现真正意义上的"智慧"校园还需要一个漫长的过程，不仅有技术的因素，还有规划、组织与管理的因素。

智慧校园对于解困当前校园信息化建设、消除课堂教学困境、优化教学和管理过程、促进学生创新能力培养具有重要意义。

以教育信息化带动教育现代化已经成为一个战略选择，必须大力推进信息技术与教育教学深度融合，实现教育思想、理念、方法和手段全方位创新。校园信息化建设作为教育信息化建设的基础和主体，其在教育现代化进程中的重要作用毋庸置疑，然而当前各级各类学校的信息化建设与应用即数字校园的建设难尽人意：缺乏充分的论证与规划，建设及应用中的问题迭出；学校各部门各自为政，数据不一致、格式不统一；不具备数据整合与大数据挖掘基础，难以为教学尤其是个性化教学提供支撑；管理组织混乱，缺乏保护与激励机制；兼容性与可扩充性不足，造成极大的投资浪费；缺乏对后期应用的评估，等等。智慧校园丰富了教育信息化的理念，扩充了教育信息化的内涵，增强了教育信息化发展的动力，提升了教育信息化的发展境界。

加快智慧校园建设与研究，有助于促使数字校园升级改造为智慧校园。信息化建设的教育需求推动了相关技术的发展与更新，技术的进步反过来推动信息化建设理念与内涵的深入和演变。从早期的FDDI、ATM、单服务器单个应用到今天的万兆以太网、物联网、云计算、应用虚拟化、SOA架构，由校园网到数字校园再到智慧校园，不同的时期，研究者从网络架构、技术设备、应用平台、建设模式、促进教育教学改革等多维度对校园信息化进行研究，对其建设内涵与理念的认识逐步深入。今天，随着大数据时代的到来，校园信息化建设即将迎来又一次技术和思想的变革。这就凸显出数字校园升级改造为智慧校园及新建智慧校园的探索意义。

第二节 智慧校园的理论基础

作为一种新的管理模型、一种新的校园形态，智慧校园的研究涉及多个学科，智慧校园的设计、建设、管理、研究离不开理论支撑。智慧校园建设的理论基础包括教育信息化理论、协同理论、联通主义学习理论、学习科学理论、脑科学与学习、技术创新理论、创新扩散理论、大成智慧学等。这些理论将会对智慧校园的设计、规划、建设、实施等产生较多的影响。

一、教育信息化理论

教育信息化理论的基本内容包括"信息技术与课程整合理论""信息化环境下的教与学理论，以及教与学方式""信息化环境下的教学设计理论"三部分。主要用于信息化环境提高教育教学效果。智慧校园所能提供的首先是信息化环境，属于教育信息化这一大的概念，这就要求智慧校园的建设能直接或者间接地促进教学效果，教育教学能从中获得较大益处。

对智慧校园的设计和实施影响最大的是信息化环境下的学习理论，主要有混合学习理论、分布式学习理论、情境认知与学习理论等。

混合学习理论的提出源于数字学习的兴起，是数字学习和传统课堂学习的相互结合和互补，既发挥课堂学习中教师的主导作用，又能体现学生的主体作用。[①]

[①] 陈卫东、刘欣红、王海燕：《混合学习的本质探析》，载《现代远程教育》，2010年第5期，第30—33页。

分布式学习理论源于信息通信技术的发展带动的网络远程教育的勃兴，并逐渐应用于网络学习领域。分布式学习的最显著特征是学习资源的泛中心化，课堂、教师、学习同伴、图书馆、移动电话、网络信息等都作为资源分布在不同的地点。以学习者为中心，教师和教学内容等只作为一种资源而存在，这增强了学习者对学习的责任感，使他们不再被动地接受信息和知识，而是随时随地主动地利用各种资源及交互与协作活动来建构新知识。这种学习模式强调信息时代对网络系统的规划。①

情境认知与学习理论认为，有意义的学习是学习主体主动建构知识的过程，强调"以学生主体为中心"的学习方式。也就是说，知识不是外在于学习主体的客观存在，而是学习主体与外部环境相互作用所建构的意义。情景学习的主要特征是提供能反映知识在真实世界中的运用方式的真实情境；提供真实的活动；提供接近专家作业和过程模式化的通路，并提供多样化的角色和前景；支持知识的合作建构；在临界时刻提供指导和支撑；促进反思，以便有可能形成抽象；促进清晰表述，以便使缄默知识成为清晰的知识；在完成任务时，提供对学习的整体评价等。② 这种学习理论契合了智慧校园建设的重要内容之一校园学习环境，如基于智慧校园中的增强现实技术在该理论指导下用于实验教学。

这些学习理论和学习模式产生于信息时代，反映了信息时代学习的特点，如何让信息时代的学习更加有效，智慧校园的建设需要对信息技术环境下的学习进行支持，这是毋庸置疑的。另一方面，对这些理论进行借鉴，促进对信息技术更好地利用以提高学习效果，这是信息化专职人员的另一个责任。

教育信息化理论产生于信息化建设发展过程之中，可以指导智慧校园建设从设计到实施全过程，指导智慧校园设计原则和目标、设计方法的确定

---

① 刘冬雪：《分布式学习理论浅谈》，载《现代教育技术》，2004年第1期，第32—33页。
② 王文静：《情境认知与学习理论：对建构主义的发展》，载《全球教育展望》，2005年第4期，第56—59页。

等。这对智慧校园建设的前期规划设计是非常重要的。

二、协同理论

协同理论由20世纪70年代联邦德国斯图加特大学教授、著名物理学家赫尔曼·哈肯创立。协同学作为系统科学新三论（耗散结构论、协同论、突变论）之一，其核心思想是不同的系统，尽管其属性不同，但在整个环境中，各个系统间存在着相互影响而又相互合作的关系。其中也包括通常的社会现象，如不同单位间的相互配合与协作，以及部门间关系的协调。在一个系统中，如果各种要素不能很好地协同或根本不协同，甚至互相排斥、互相掣肘，呈无序状态，这样的系统就发挥不了整体性的功能，甚至会瓦解。

王运武将协同理论应用于对数字校园系统的研究。在研究数字校园系统构成、功能结构的基础上，对数字校园的群体利益博弈、推进困难的原因进行了分析，指出了数字校园的系统效应，表现为数字校园建设的诸构成要素得到较好的配置，各组织机构和部门之间能够高效协调合作，各类资源得到有效整合，学生、教师、教育管理者等用户在参与数字校园建设的同时能够获得满意的服务，数字校园能够提升学校的价值与内涵，促进学校的特色发展。[①] 这在智慧校园建设中同样是值得学习和借鉴的，协同理论可以为智慧校园组织结构和制度建设提供理论支持：应当在建设过程中时刻保持发挥校园内各部门的高效协调与合作，以发挥其协同效应。智慧校园各子系统之间也存在一定的协同进化，运用协同学的理论与方法分析智慧校园建设中的问题，可为智慧校园研究提供新的思路与方法。在智慧校园推进过程中，能否通过促进智慧校园协同来提升协同效应，成为一项重要的挑战。

智慧校园建设涉及校内各单位，是一项系统工程，建设应充分调动校内外各种力量，强化各部门各组织的协调与合作，不能仅仅依靠信息化管理维

---

① 王运武：《基于协同理论的数字校园建设的协同机制研究》，北京：中国社会科学出版社2013年版，第159—164页。

护部门的推动。智慧校园建设的参与者同时也是智慧校园的受益者。应该充分调动利益相关者积极参与智慧校园建设，只有这样，才能将智慧校园建设这一系统工程发挥出最大的效益。

三、联通主义学习理论

信息化时代，知识更新的速度越来越快，仅仅靠记忆已不能满足人们对新知识学习的需求，通过网络存储、检索、共享和获取知识，使得泛在学习成为可能，学习者可以使用互联网方便地获得其想要的资料。联通主义正是在这样的背景下由加拿大学者西门思提出的。他指出学习不再是一个人的活动，学习是连接专门节点和信息源的过程。联通主义认为，管道比管道中的内容物更重要。网络、情景和其他实体（许多是外部的）的相互影响导致了一种学习的新概念和方法。个体对明天所需知识的学习能力比对今天知识的掌握能力更重要。对所有学习理论的真正挑战是在应用知识的同时促进已知的知识。不过，当知识为人所需而又不为人知时，寻找出处而满足需要就成了十分关键的技能。由于知识不断增长进化，获得所需知识的途径比学习者当前掌握的知识更重要。知识发展越快，个体就越不可能占有所有的知识。[①]

联通主义表述了一种适应当前社会结构变化的学习模式，是新时代计算机技术发展的产物。在这之前出现的各种学习理论都是在网络技术不发达和学习技术含量不高的情况下创建的。所以，这些学习理论都具有一定的局限性，联通主义打破了这一局限性，认为学习不是一个人的活动，而是优化学习者的内外网络。联通主义是一种适于信息化时代要求和信息化时代特点的关于学习的观点。

在某种程度上，智慧校园提供了智慧的"管道"，连接各种生活、学习和科研资源，自然可以有效促进学习的发生。但智慧校园不仅仅关心管道，

---

① 王佑镁、祝智庭：《从联结主义到联通主义：学习理论的新取向》，载《中国电化教育》，2006年第3版，第5—9页。

智慧校园的建设不仅仅建设管道，还要在很大程度上关心如何更好地服务于广大师生，并成为教学效果提高的有效工具。联通主义在一定程度上支持了智慧校园建设。

四、学习科学理论

学习科学萌发于 20 世纪 70 年代末以来对于人类学习本质的多学科深究，当各领域中有关学习的假设达成一致、形成了一些相对独特的方法论、积累了若干设计实践后，学习科学在 20 世纪 90 年代后走向成熟，开始作为一个独立的学科领域脱颖而出，至 21 世纪来临之际，这一新兴学科已经开始影响课堂教学、校外教育、学习产品设计、学习组织设计、教师教育、职业培训等一系列诸多方面的变革与创新。

学习科学是在反思认知科学等学科、关于学习的研究方法和观点的基础上新近兴起的一门科学。学习科学借鉴建构主义、认知科学、信息技术、社会文化研究和关于知识工作等相关领域的研究成果，汇集和整合关于脑的研究和内隐学习、非正式学习、正式学习等已有的学习研究，采用多种现场研究的方法，对不同情境脉络中的学习发生机制进行分析和探索，提出的若干关于学习的观点，通过创新性项目的实践和基于设计的研究，创设新型学习环境、革新学习实践。

学习科学关注的主要关键问题是"学习的本质是什么，人是如何学习的，以及如何设计有效的学习环境促进深层学习"。学习科学的目标是"更好地理解产生最有效学习的认知和社会过程，并运用这方面的知识去重新设计课堂和其他学习环境，以让人们更深入、更有效地进行学习"。

五、脑科学与学习

脑科学，狭义地讲就是神经科学，是为了了解神经系统内分子水平、细胞水平、细胞间的变化过程，以及这些过程在中枢功能控制系统内的整合作用而进行的研究。广义的定义是研究脑的结构和功能的科学，还包括认知神经科学等。

神经科学的最终目的在于阐明人类大脑的结构与功能，以及人类行为与心理活动的物质基础，在各个水平（层次）上阐明其机制，增进人类神经活动的效率，提高对神经系统疾患的预防、诊断、治疗服务水平。

世界各国普遍重视脑科学研究，美国101届国会通过一个议案，"命名1990年1月1日开始的十年为脑的十年"。1995年夏，国际脑研究组织IBRO在日本京都举办的第四届世界神经科学大会上提议把下一世纪（21世纪）称为"脑的世纪"。欧共体成立了"欧洲脑的十年委员会"及脑研究联盟。日本在1996年制定为期二十年的"脑科学时代——脑科学研究推进计划"。中国提出了"脑功能及其细胞和分子基础"的研究项目，并将其列入国家的"攀登计划"。

美国心理生物学家斯佩里博士通过著名的割裂脑实验，证实了大脑不对称性的"左右脑分工理论"，因此荣获1981年诺贝尔生理学或医学奖。正常人的大脑有两个半球，由胼胝体连接沟通，构成一个完整的统一体。在正常的情况下，大脑是作为一个整体来工作的，来自外界的信息经胼胝体传递，左、右两个半球的信息可在瞬间进行交流（每秒10亿位元），人的每种活动都是两半球信息交换和综合的结果。大脑两半球在机能上有分工，左半球感受并控制右边的身体，右半球感受并控制左边的身体。

左半脑主要负责逻辑理解、记忆、时间、语言、判断、排列、分类、逻辑、分析、书写、推理、抑制、五感（视、听、嗅、触、味觉）等，思维方式具有连续性和分析性。因此，左脑可以称作"意识脑""学术脑""语言脑"。右半脑主要负责空间形象记忆、直觉、情感、身体协调、视知觉、美术、音乐节奏、想象、灵感、顿悟等，思维方式具有无序性、跳跃性、直觉性等。斯佩里认为右脑具有图像化机能，如企划力、创造力、想象力；与宇宙共振共鸣机能，如第六感、透视力、直觉力、灵感、梦境等；超高速自动演算机能，如心算、数学；超高速大量记忆，如速读、记忆力。右脑像万能博士，善于找出多种解决问题的办法，许多高级思维功能取决于右脑。

幼儿期间的脑量增长规律：出生时的脑量：350 克；1 岁时的脑重：950 克（第一年是一生中脑量增长最快的时期）；2 岁时的脑重：1050 至 1150 克（约占成人脑重的 70%）；6 至 7 岁时的脑重：1260 克左右（约占成人脑重的 90%）。大脑的成长规律：幼儿期大脑发育十分快速，联系脑细胞的突触呈等比级数的增加，幼儿期大脑会自行发生显著的调整与重组，大脑内部架构会快速形成，大脑的脑细胞和内部组织的成长在幼儿时期最为活跃与快速。

5 岁以前是智力发展最迅速的时期，每个人的智力尽管多种多样，但是其发展趋势都是到 4 岁就约有 50% 的智力；4 至 8 岁期间获得 30% 的智力；最后的 20% 是 8 至 17 岁获得的。一个人智力发展的量度与最初潜在的量度无关，但是与一个人在智力迅速发展时期所处的环境条件关系重大，幼儿期被剥夺了智力刺激的人，将永远达不到原来应该达到的水平。环境对智力发展的影响是：在智力发展极为迅速的时期为最大，而在变化极为缓慢的时期则甚小。

最近这 30 多年来，数以百计的脑科学专家对"关键期"作了大量研究并已取得相当的进展。其科学结论是，脑的不同功能的发展有不同的关键期，某些能力在大脑发展的某一敏感时期最容易获得，此时相应的神经系统可塑性大、发展速度快。

六、技术创新理论

技术创新理论由熊彼特在《经济发展理论》中首次提出。创新就是"一种新的生产函数的建立，即实现生产要素和生产条件的一种从未有过的新结合"，并将其引入生产体系，创新一般包含如下五个方面的内容。（1）制造新的产品：制造出尚未为消费者所知晓的新产品；（2）采用新的生产方法：采用在该产业部门实际上尚未知晓的生产方法；（3）开辟新的市场：开辟国家和那些特定的产业部门尚未进入过的市场；（4）获得新的供应商：获得原材料或半成品的新的供应来源；（5）形成新的组织形式：创造或者打破原有垄断的新组织形式。

创新并不仅仅是某项单纯的技术或工艺发明，而是一种不停运转的机制，只有引入生产实际中的发现与发明，并对原有生产体系产生震荡效应才是创新。

后来，熊彼特的创新理论被其追随者发展成为当代西方众多经济学理论的两个分支：一是新古典经济学家将技术进步纳入新古典经济学的理论框架，主要成果就是新古典经济增长理论和内生经济增长理论。二是侧重研究技术创新的扩散和技术创新的"轨道和范式"等理论问题。

主体的空间分布有很大的关系，地方化的创新网络似乎比跨国技术联盟更能持久。原因是地理邻近带来了可以维持并强化创新网络的支撑因素，如文化认同和相互信任等。

当创新系统研究发展到区域创新阶段，已经开始与产业集群的研究结合起来了。从概念界定上看，区域创新系统和集群创新系统都建立在产业集群的基础上。罗斯菲尔德认为，区域创新系统可以首先通过区域集群定义来界定，也就是地理上的相对集中的相互独立的企业群。阿歇姆认为，区域创新系统就是支撑机构环绕的区域集群。从这两个概念的语义学者对它们的界定可以看出，区域创新系统和集群创新系统主要存在两点区别：一是前者可能比较分散，不一定集中于某一产业，而后者主要集中于某一产业；二是从地域范围来看，前者的范围可能弹性比较大，而后者的范围往往比较小。

七、创新扩散理论

创新扩散理论是传播效果研究的经典理论之一，是由美国学者埃弗雷特·罗杰斯于20世纪60年代提出的一个关于通过媒介劝服人们接受新观念、新事物、新产品的理论，侧重于大众传播对社会和文化的影响。

罗杰斯认为，创新是一种被个人或其他采用单位视为新颖的观念、实践或事物；创新扩散是指一种基本社会过程，在这个过程中，主观感受到的关于某个新语音的信息被传播。通过一个社会构建过程，创新的意义逐渐显现。

罗杰斯把创新的采用者分为革新者、早期采用者、早期追随者、晚期追随者和落后者。创新扩散包括五个阶段：了解阶段、兴趣阶段、评估阶段、试验阶段和采纳阶段。1962年，罗杰斯提出了著名的创新扩散S曲线理论。创新扩散的传播过程可以用一条"S"形曲线来描述。在扩散的早期，采用者很少，进展速度也很慢，当采用者人数扩大到居民的10%至25%时，进展突然加快，曲线迅速上升并保持这一趋势，即所谓的"起飞期"，在接近饱和点时，进展又会缓慢。

罗杰斯认为，创新扩散总是借助一定的社会网络进行的，在创新向社会推广和扩散的过程中，信息技术能够有效地提供相关的知识和信息，但在说服人们接受和使用创新方面，人际交流则显得更为直接、有效。

创新扩散理论是多级传播模式在创新领域的具体运用。在创新向社会推广和扩散的过程中，大众传播能够有效地提供相关的知识和信息，而在说服人们接受和使用创新方面，人际传播则显得更为直接、有效。因此，罗杰斯认为，推广创新的最佳途径是"双管齐下"，将大众传播和人际传播结合起来加以应用。

八、大成智慧学

大成智慧学为中国著名的科学家钱学森首创，是引导人们如何尽快获得聪明才智与创新能力的学问，其目的在于使人们面对浩瀚的宇宙和神秘的微观世界，面对新世纪各种飞速发展、变幻莫测而又错综复杂的事物时，能够迅速做出科学、准确而又灵活、明智的判断与决策，并能不断有所发现、有所创新。大成智慧是以科学的哲学为指导，把理、工、文、艺结合起来走向大成智慧的过程。简要而通俗地说，即"集大成，得智慧"。

"大成智慧学"以辩证唯物论为指导，利用现代信息网络、人机结合以人为主的方式，集古今中外有关信息、经验、知识、智慧之大成。"大成智慧"的特点是沉浸在广阔的信息空间里所形成的网络智慧。"大成智慧"是在知识爆炸、信息如潮的时代所需要的新型的思维方式和思维体系。

大成智慧学是一个思想体系,其内涵很丰富。大成智慧学以科学的哲学为指导,是"量智"和"性智"的结合,是科学与艺术的结合,是逻辑思维与形象思维的结合,重视思维的整体观和系统观等。

第三节 智慧校园的特征

在 2018 年 6 月 7 日发布并于 2019 年 1 月 1 日正式实施的中华人民共和国国家标准《智慧校园总体架构(GB/T 36342—2018)》中,第一次对"智慧校园"这一概念进行了国家标准层面的定义,即:智慧校园是物理空间和信息空间有机衔接,使任何人在任何时间、任何地点都能便捷地获取资源和服务。智慧校园是数字校园的进一步发展和提升,是教育信息化的更高级形态。

基于国家教育发展相关文件中对智慧教育、智慧校园建设的总体及具体要求,以及国家标准《智慧校园总体架构(GB/T 36342—2018)》中对智慧校园的定义,智慧校园相对于传统的数字校园而言具有感知化、融合化、泛在化、大数据化、深度参与、个性服务、便捷获取、分析预知等主要特征。

一、感知化

智能感知是智慧校园的教育环境的基本特征,主要指通过整合二维码、x 射频识别、人体识别系统等技术的各种传感器和嵌入式设备,对教育环境进行物理感知、情境感知、社会感知,并实现自然交互。

物理感知主要是指对教育活动的位置信息和环境信息进行智能感知,如温度、空气、声音、光线等;情境感知是从物理环境或信息系统中获取教育情境信息,识别所需的各种原始数据,从而构建出情境模型、学习者模型、活动模型、领域知识模型和时空模型,并通过一定的推理机制进行情境推理,为教育活动的开展推送教育资源、联系学习伙伴、提供活动建议等;社会感知包括感知学习者与教育者的社会关系,感知不同学习者的学习与交往需求等；自然交互是指利用多种感官及肢体语言开展人机互动，如语音、姿势、表情识别等，实现智能化的人机交互。

二、融合化

智慧校园中从环境（如教室、实验室等）、资源（如图书、教师、课件等）到应用（如教学、管理、服务、办公等）等全部的校园信息化系统，需要建立基于以大数据为中心的应用系统集成与数据融合，最大限度地降低信息孤岛、资源孤岛现象的产生。这一集成与融合化，需要将异构的服务系统做统一化处理，实现一站式服务、数据共享、系统互通互用，从而实现不同资源、服务、应用系统之间的互操作、无缝连接与资源共享，包括各类终端设备与智慧校园平台的泛在连接和服务会话。

三、泛在化

智慧校园的教育环境应是一种泛在的教育环境，能够支持教育共同体在任何时间、任何地点以任何方式进行无缝教学、学习与管理，同时为其提供无处不在的教育支持服务。泛在教育环境不是以某个个体（如传统学习中的教师）为核心的运转，而是点到点、平面化的教育"泛在"互联。泛在教育环境的构建需要泛在网络的支撑，以实现网络空间和物理空间的无缝对接。师生在进行教学与学习活动时，可以通过合适的终端设备与网络进行连接，从而畅通无阻地享受个性化的教育支持服务。在智慧校园中的校园管理、校园服务等领域，也将实现服务的泛在获取。

四、大数据化

"智慧校园"使得校园网络体系内的联网实体不断增多，传统的数据架构已无法满足数据处理要求，大数据技术更易实现对获取的各类体量数据形成实时、快速而有效的价值分析。大数据的设计理念使得数据之间的关联性越来越强，通过利用数据（元数据）和解析学（数据的含义）获取的信息展开自动分析和深度挖掘，形成对之前、当下、未来教育更有价值的分析结果，充分体现校园的"智慧"特色。

校园大数据运行体系以校园大数据中心为核心运行基础，数据的形成与应用过程包括数据采集更新、数据组织整理、数据生成共享、数据挖掘利用、决策支持服务等。在智慧校园中，智慧校园的各类应用系统都可以全程记录各个用户的历史数据，便于数据挖掘和深入分析，做出科学合理的评价、建议并推送相应的服务。

五、深度参与

将智慧校园作为一个实体对象，用户的深度参与包含多个层面的含义。用户可以通过统一身份认证和单点登录，访问和使用智慧校园系统中的很多应用系统；用户在使用某一应用系统的时候，可以获取该系统形成的资源与服务，包括该系统通过系统互操作从其他多个应用系统调取资源和数据所形成的服务。同样，用户在本系统中所形成的操作结果和记录，反过来也将影响或服务于其他应用系统；用户在智慧校园环境下，不仅仅是通过信息化环境与其他用户进行资源与服务共享，更多的是能够获取大量由智慧校园系统自身智能化、智慧化生成的资源与服务。这一生成的结果往往与用户在智慧校园中留下的历史信息和使用记录直接相关；智慧校园是物理空间与信息空间的有机衔接，因此，用户可以通过智慧校园的相关应用了解特定区域或范围物理空间的状况，反之，也可以通过信息空间去影响或改变物理空间的状态。由此可见，用户在智慧校园中的参与深度。远远超过了在数字校园中的资源与服务共享。

六、个性服务

在大数据、智能分析、数据挖掘等技术的支持下，为每个学习者和教育者提供个性化的教育环境将是未来智慧校园教育环境发展的重要方向。在教育活动开展过程中，智慧校园的教育环境通过感知物理位置和环境信息，记录教育者与学习者长期教学、学习过程中形成的认知风格、知识背景和个性偏好，从而为其提供个性化的教育资源、工具和服务。在校园的日常管理、教师发展、生活服务领域，针对不同部门、不同岗位、不同项目建设的参与者，也可以提供针对性的个性服务。

例如，根据每个学习者的学习阶段和学习进度，为其制订个性化的学习计划，推送合适的学习资源和建议；根据教师的成长数据，自动推送其下一步发展所需的教科研信息；根据校园来访人员所处的校园位置，推送与其所在位置相关的导航及公共服务设施信息；根据食堂菜品反馈信息，为厨师提供消费反馈以及建议信息等。

七、便捷获取

智慧校园系统强调"便捷地获取"。"便捷"二字相对于数字校园而言，强调的是，如果想获取的某一项资源或服务在数字校园模式下可能会很麻烦，但在智慧校园模式下则很便捷。为了实现便捷获取，需要从智慧校园整体的设计和各信息系统的具体实现上落实大量整体和细节上的工作。大数据中心是实现便捷获取的根本保障，各信息系统与大数据中心的有效对接是便捷获取的必要条件，各信息系统自身应用服务设计科学、适用且具有智慧化的服务形成与输出能力是便捷获取的局部实现，基于应用服务集成的人机交互环境、一站式服务、网络信息与数据共享、系统互通互用是便捷获取的具体呈现，使用各类终端设备泛在获取资源与服务是便捷获取的时空要求。对于智慧校园的用户而言，便捷获取是其"智慧化"感受的最直接来源。

八、分析预知

智慧校园系统的预知性是指无须教育者、学习者、管理者的有意识干涉，相关系统就能够提前预知并提供教学、管理、活动所需的资源、工具和服务，以及对自动判断和触发的失衡性问题和情况随时进行提醒或自动调整，从而达到动态平衡、解决相关问题的目的。

例如，智慧校园的教育环境可以记录学生的考试过程，如每道习题的解题思路、作答时间和作答结果，从而预测学生的学习困扰，为其提供合适的学习建议并帮助教师制订下一阶段的教学计划；通过跟踪每个学习者的面部表情、学习持续时间和学习行为，利用情感计算等方法，感知学生的学习情绪及心理状态，预测即将产生的学习危机和心理问题，为教师和管理者提供合理的解决方案；在校园安全管理领域，发现特定区域人员超常或过度聚集时，能够自动启动监控与疏导机制等。

第四节　建设智慧校园的意义

一、促进教育教学的改革与创新

新兴技术的迅速发展给人们的工作和生活带来了前所未有的变化，也为教育的发展注入了新的动力。在新兴技术的推动下，智慧学习环境应运而生，重新塑造了学校的学习形态[1]，智慧校园作为智慧教育发生的重要场所，将会被赋予承担引领教育创新与变革的重任。

在智慧校园支持下，学校教育不再是简单地将技术作为干预手段或是辅助工具，而是在智慧校园所创设的智慧教育环境下，应用网络化的思维与教学工具，颠覆传统的学校结构与教学流程，打造全新的学校教育生态。在互联网化的教育环境支撑下，政策、教师、课程、课堂、学习等要素都会发生相应改变，学校的教育教学以学生发展为中心，通过整合课内外、校内外优质教育资源，广泛和深入地开展各种创新教学实践活动，形成"连接式教育"，推动学校传统教学的流程再造和学校教育系统的结构性变革。各种新媒体和新技术的应用，使教学环境从原来的封闭教室逐步演变为自由开放的网络化教学时空，让教学不再受传统课堂组织方式的限制，促进了学生的个

---

[1] 黄荣怀：《智慧学习环境重塑校园学习生态》，http://www.ict.edu.cn/forum/huiyi/n20140612_13981.shtml（访问时间：2021年8月15日）。

性化、差异化发展。

二、促进学校办学能力的增强

智慧校园不仅在促进学校课程与教学方式的变革方面具有巨大优势，在学校管理方面同样发挥着不可比拟的积极作用。基于智慧校园的学校管理就是将现有的教育管理信息系统进行统一规范、数据共享，同时通过大数据分析和可视化技术，使教育管理信息系统实现业务管理、动态监测、教育监管、决策分析等业务的智能化、自动化，进一步实现学校教育管理从传统的"机控人管"模式向"智慧管控"方向发展。

智慧管理凭借大数据技术的优势，从大量师生的教学场景和学生学习轨迹中获得海量数据，同时对获取的数据进行深度挖掘和分析，发现数据背后隐藏的关联规律，并将这些规律运用于现实教育管理工作实践，为管理人员和决策者提供及时、全面、准确的数据支持，为科学的教育管理与决策提供依据。

三、实现校园资源的全方位共享与智慧化应用

（一）基础设施资源共享与智慧化应用

在智慧校园建设与应用中，实现对基础设施资源的广泛共享和对计算机网络及其基础设施的高效利用，具有十分重要的潜在应用价值。借助于物联网技术的支持，使万物互联互通，实现对物体高效地控制和反馈。借助云计算技术的支持，通过租用云服务器、存储器和网络硬件，可以降低学校对于网络基础设施的建设投入。

（二）数据资源共享与智慧化应用

当前，各级各类学校的信息化，即数字校园的建设与应用难尽人意。学校各部门各自为政，数据不一致、格式不统一，不具备数据整合与大数据挖掘基础，难以为教学尤其是个性化教学提供支撑，兼容性与可扩充性也不够，造成极大的投资浪费。智慧校园可以将网络上所有设备与系统连到一起，实现不同类型、不同大小数据的传输功能。未来的校园基础网络应该是实现

了光纤到户的有线网络和无缝覆盖的无线网络的结合,统一的数据平台不但可以避免数据孤岛和数据分散,更重要的是可以实现大数据挖掘和可视化。

(三)教学资源共享与智慧化应用

随着智慧校园建设的持续深化,数字资源的重构方式不断涌现出新的思路与方法。在重构数字资源的过程中,可通过自建、引进、合作等方式开发具有专业课程资源、校本特色课程资源、实习实训资源以及以创新创业活动等为主题的数字资源。

四、推进实施国家大数据战略,加快数字中国建设

我国很多地市提出或者开始推进智慧城市建设。在智慧城市建设中,要求"围绕促进教育公平、提高教育质量和满足市民终身学习需求,建设并完善教育信息化基础设施,构建利用信息化手段扩大优质教育资源覆盖面的有效机制,推进优质教育资源共享与服务"。2017年12月,习近平主席发表了《实施国家大数据战略加快建设数字中国》的重要讲话,要求"推进教育、就业、社保、医药卫生、住房、交通等领域大数据普及应用"。学校不仅是城市的一个重要组成部分,也是国家的重要组成部分;教育数据是区域大数据、国家大数据的一个重要组成部分,也是数字中国的一个重要组成部分。因此,智慧校园的建设,为实施智慧城市、国家大数据、数字中国的建设提供了教育数据支持与服务。

第五节 智慧校园研究现状

一、国内智慧校园研究现状

随着中国综合国力大幅度提升,中国专家学者的研究成果在全球影响力越来越大,智慧校园也成为中国在世界范围内的研究热点。

当前智慧校园的研究从内容上看,主要体现在三个方面:智慧校园的设

计与架构、智慧校园建设的关键技术、智慧校园的服务与应用。

（一）智慧校园的设计与架构

朱洪波从建设内容的三个层次构建了智慧校园的整体框架，即网络融合、数据融合、服务融合与门户服务。①蒋家傅提出了运用先进的教育理念和物联网、云计算等先进信息技术构建智慧校园系统的技术路线和实施方法，提供了智慧校园整体解决方案。②陈翠珠等认为智慧校园应该包括如下功能模块：校园安检系统、校园智能一卡通、智能电器管理、校园智能医疗、校园智能环保、智能图书管理系统。③黄宇星等构建了基于网络的智慧校园的架构：基于网络的智慧校园的系统平台采用物联网架构，划分为感知层、传输层及应用层三层。通过新技术的应用，形成基础集成平台，实现智慧校园综合服务平台的物联应用，实现对教育部门、学校及家长、学生等相关用户的综合服务。④张帆在物联网分析的基础上，从物联网的三个层面设计了智慧校园总体规划方案，并在硬件和软件建设方面提出了构建思路和设想。⑤郭惠丽等针对智慧校园建设，提出了校园物联网建设的三种构建方式：以 RFID 为媒介、以传感器为媒介、以二维条码为媒介的构建思路，给出了构建图。⑥

（二）智慧校园建设的关键技术

黄荣怀等人认为智慧校园的关键技术包括学习情景识别与环境感知技

---

① 朱洪波：《南京邮电大学基于物联技术的"智慧校园"建设与规划》，载《中国教育网络》，2011 年第 11 期，第 18—19 页。
② 蒋家傅、钟勇、王玉龙等：《基于教育云的智慧校园系统构建》，载《现代教育技术》，2013 年第 2 期，第 109—114 页。
③ 陈翠珠、黄宇星：《基于网络的智慧校园及其系统构建探究》，载《福建教育学院学报》，2012 年第 1 期，第 120—124 页。
④ 黄宇星、李齐：《基于网络智慧校园的技术架构及其实现》，载《东南学术》，2012 年第 6 期，第 309—316 页。
⑤ 张帆：《基于物联网的智慧校园建设方案探索》，载《安阳工学院学报》，2012 年第 2 期，第 61—65 页。
⑥ 郭惠丽：《基于物联网的智慧校园移动服务构建》，载《网络安全技术与运用》，2011 年第 9 期，第 68—71 页。

术、校园移动互联技术、社会网络技术、学习分析技术、数字资源的组织和共享技术。① 陈卫东等人认为未来课堂——智慧学习环境的实现技术包括物联网、多功能交互设备技术等硬件层面技术和人工智能技术、上下文感知计算技术、和谐交互技术、计算机视觉技术、无缝数据管理技术等软件层面的技术。② 陈明选等认为物联网技术在教育中的应用推动了"数字校园"向"智慧校园"方向的升级发展，使得基于物联网的智慧校园将校园中的物体连接起来，实现了学校的可视化智慧管理，富有智慧的教育教学环境，为师生提供了一个全面的智能感知环境和综合信息服务平台，使课堂得以向真实的场景延伸。③ 吕倩在校园云架构的基础上，论述了利用云计算、虚拟化、SOA 构建校园云，结合物联网、RFID 构建智慧校园。④ 黄小卉通过基于云计算的智慧校园信息资源共享的构建，论述了云计算在智慧校园建设中的应用。⑤ 陈翠珠等通过分析泛在网、物联网、传感器网的关系，论述了这些技术在基于网络的智慧校园建设中的应用。⑥ 可以看出，当前的研究思路所采用的技术承载主要包含物联网、云计算、移动计算、社会网络、统一数据存储、虚拟化等。

（三）智慧校园的服务与应用

陈明选等人论述了物联网在智慧校园中的作用，如全面感知、智慧节能、平安校园、智慧图书馆等；以数字农植园、仰望星空数字天文台项目、

---

① 黄荣怀、张进宝、胡永斌等：《智慧校园：数字校园发展的必然趋势》，载《开放教育研究》，2012 年第 4 期，第 12—17 页。

② 陈卫东：《未来课堂：智慧学习环境》，载《远程教育杂志》，2012 年第 5 期，第 42—49 页。

③ 陈明选、徐旸：《基于物联网的智慧校园建设与发展研究》，载《远程教育杂志》，2012 年第 4 期，第 61—65 页。

④ 吕倩：《基于云计算及物联网构建智慧校园》，载《计算机科学》，2011 年第 S1 期，第 18—21 页，第 40 页。

⑤ 黄小卉、黄宇星：《基于云计算的智慧校园探究》，载《中小学电教》，2011 年第 11 期，第 8—11 页。

⑥ 陈翠珠、黄宇星：《基于网络的智慧校园及其系统构建探究》，载《福建教育学院学报》，2012 年第 1 期，第 120—124 页。

鸽蛋孵化实验等为案例说明智慧校园中的具体应用。① 严大虎介绍了智慧校园中校园生活如食堂管理、浴室水控管理、考勤管理、智能照明和教学管理（如日常教学、智慧图书馆、实验室管理）的服务与应用案例。郭惠丽等提出了基于物联网的智慧校园移动服务的构建，包括移动教务、移动图书馆、移动校园卡、移动办公、移动招生等。②

智慧校园的相关研究有比较超前的意识和崭新的思维，但也存在如下问题：

第一，对智慧校园的智慧表现认识不充分、体现不透彻，借鉴了"智慧地球"，但未深入理解其内涵，对智慧校园的设计缺乏理论高度的建构和分析，在某种程度上有简单化、理所当然化的倾向。

第二，当前智慧校园的研究领先于实践，建设还处于起步和摸索阶段，对关键技术的实施缺乏与前期建设基础的衔接，设计缺少原则与方法指导，且未考虑其成本效益和可行性，有一定难度。

第三，由于缺少理论与方法指导，应用研究在设计上未体现智慧校园对信息技术与教育教学深度融合的要求和实现，忽视了对教学、科研的支持。

第四，还没有完全摆脱数字校园的思维，停留在数字而非数据层面，没有体现出大数据时代数据作为基础资源的重要地位，很多情况下只是提供了简单的信息查询平台，其管理也是自上而下单向的信息传输，没有将这种信息化成果作为新的管理模型在实践中进行设计研究和现阶段以信息化建设作为提升大学核心竞争力的主动意识。

二、国外智慧校园研究现状

欧洲、美国等地区和国家对信息技术的应用比较早，管理模型和体制相

---

① 陈明选、徐旸：《基于物联网的智慧校园建设与发展研究》，载《远程教育杂志》，2012年第4期，第61—65页。
② 严大虎、陈明选：《物联网在智慧校园中的应用》，载《现代教育技术》，2011年第6期，第123—125页。

对稳定，其"智慧"应用已有存在，如美国宾夕法尼亚大学的一卡通应用，涵盖校内几乎所有服务，并与手机卡、银行卡集成；加利福尼亚大学的校长仪表盘和应急指挥平台，整合校内所有实时和历史数据，可以监控校园运转情况、校园安全、财务情况等，是一个比较先进的决策系统。Nesrine Khabou、Ismael Bouassida Rodriguez 等人从技术的角度介绍了一种基于环境状况和个人需求的情景感知技术在智慧校园中的应用，通过情景感知为师生协作提供主动服务；能源消耗和碳排放成为英国大学的挑战，Anthony Emeakaroha 等提出了一个通过应用智能传感器（实时电力数据捕获）、集成可视化 Web 界面（实时电力的反馈显示）的监测系统，即通过智能传感器提高能源利用效率，以解决这一问题。

在亚洲，马来西亚早在 1997 年就针对中小学提出"智能学校执行计划"，该计划详细阐述了智能学校的特征，为其创办提供了方向和模型。同时，这方面的研究较多，如 Siavash Omidinia 认为智能学校成功的关键是教学学习策略和管理与行政流程的提升；新加坡则通过智慧教育计划，构建了延伸至课堂以外的以学习者为中心的交互式学习环境；Yaser Khamayseh 介绍了 ZigBee 等无线技术在智慧大学校园中的应用。

1990 年美国克莱蒙特大学教授凯尼斯·格林发起并主持了的"数字校园计划"，该研究项目自 1994 年至今已经发布了 15 个研究报告，对世界上其他国家了解与借鉴美国高校信息化建设产生了重要影响。从研究报告中可以发现，美国高校中信息技术应用及发展情况的变化，例如 1994 年研究报告揭示信息技术开始进入课堂；2001 年研究报告揭示电子商务开始进入校园；2006 年研究报告揭示无线网络覆盖了高校教室的一半，信息技术安全问题较去年有所缓解等。

2009 年，美国 CDW（Computer Discount Warehouse）发布调查报告《2009 年 21 世纪校园报告：定义远景》，有如下重要发现：学生、教师和 IT 人员一致认为 21 世纪的校园具有无线接入、资源访问、彼此沟通的特点；校园技术对学生越来越重要。越来越多的学生把教育价值与校园技术联系在一起，81%的学生每天使用技术进行课前预习，明显高于2008年的63%。尽管对学生来说技术至关重要，45%的学生认为技术充分整合到课程之中，低于2008年的54%；教师和学生对技术的使用看法不一致。教师认为他们使用和了解技术的水平较高，但是学生不认可这种评价。学生认为教师缺乏技术知识是课堂中技术整合的最大障碍；展望未来，学生和教师缺乏做好准备进入劳动市场的自信。仅有32%的学生和22%的教师强烈同意大学可以让学生做好成功使用技术进入劳动市场的准备。

第二章　智慧校园的架构和内容

第一节　智慧校园的"智慧"表现

智慧校园的"智慧"主要表现在智慧环境、智慧管理、智慧教学、智慧学习、智慧科研和智慧生活等方面。

智慧环境包括教室、图书馆、实验室等学习场所的温度/湿度自动感知、自动调整，灯光亮度自动调节；空气污染、噪声自动检测，自动通风，自动降低噪声；恶劣气候环境的自动提醒；细菌超标自动提醒。智慧管理包括校园安全自动智慧监控；师生心理问题动态化智慧干预；智慧考勤；智慧门禁；水、电、暖气等能源的自动节能监控；办公文件的智慧流转；重要事情智慧提醒；图书智慧借阅、仪器设备的智慧借阅；财务智慧转账；网络故障、服务器故障的自动报警；网络流量智慧管理；教室、体育场、会议室等智慧管理。智慧教学包括教学内容的智慧聚合；教学方法、模式的智慧推荐；依据学生水平智慧组卷；智慧协同备课、智慧教研；教师教学能力的智慧训练；智慧教学方式。智慧学习包括学习情景智慧识别；学习资料的智慧推送；学习过程的智慧分析；学习结果的智慧分析；人生成长的智慧记录；职业生涯的智慧咨询；相同兴趣学习伙伴的智慧聚合；无处不在的智慧学习；学习内容难度的自适应；智慧综合评价；智慧型、创新型人才培养。智慧科研，尤其是最新研究进展、学术会议信息的智慧推送；科研团队的网络化聚合；科研数据资料的智慧分析处理；科研论文的智慧协同协作；科研创新的智慧发现。智慧生活包括旅游路线的智能设计；购物、就餐的智慧推荐；血压、血糖等智慧监控；用药智慧提醒；基于共同兴趣、个性化需求的智慧交友；团体活动、娱乐信息的智慧推送。

智慧校园的智慧性表现，即其"智慧"功能如何发挥，体现在何处，如何体现，这些必须在设计中表达出来。智慧的传统含义是运用知识、智力、工具对事物的综合分析处理能力。信息化语境中的智慧校园，通过信息及信息技术的作用，实现传统意义上学生的智慧，其途径是提供一个全面的感知环境，一个全业务的综合信息服务平台，一种新型协作关系的管理模型，最终实现信息技术与教育教学深度融合，促进教学变革和教学效果提升，即实现智慧教学。因此，智慧要从智慧环境、智慧管理、智慧教学、智慧学习、智慧科研和智慧生活中表现。

智慧环境是智慧校园建设的必然结果，也是智慧校园建设的目的之一，即提供舒适便捷、绿色节能的管理、教学、生活环境。作为目的和结果的智慧环境，智慧表现包括如下内容：

第一，无缝、稳定、安全、易用的信息流通和数据传输通道，如全面的网络基础设施、物联网覆盖，射频标签、二维码等的广泛使用，以及智能终端的全面支持。

第二，安全、便捷、舒适的学习、工作、生活环境，如校园安全监控数据的智慧分析、自助门禁和车辆出入、可视化水电气暖等自能节能监控、可视化一卡通消费系统、室内环境的智能调控、可视化校园导航等。

第三，可协作、自适应、友好的线上社区，如基于定制的信息推送、无障碍线上交流等。

校园的管理包括校园内的各个方面，教育管理的特殊性在于其管理对象和生产对象都是人，这对信息化的要求比其他行业更高。因此，智慧管理在智慧校园中最为关键，其核心是智慧服务理念。在智慧服务理念的指引下，智慧表现为如下内容：

第一，基于学校组织机构的管理信息系统的智慧融合，包括对各业务的精确划分，统一的校园教务、学生、人事、财务、国资、后勤、科研等管理数据，基于信息技术的广泛参与。

第二，信息化环境的智慧管理，例如，运行环境监控和故障预警，服务器资源和带宽资源的负载均衡，流量类型及业务热度的自动分析，公共事务如教室、机房、会议室的查询、预约，智能水表和电表等的使用。

第三，便捷的业务流程调整，即精简管理流程，废除或优化一些不合时宜的管理制度（如烦琐的公文审批、设备招标、经费报销等），不断提高教育管理业务系统的运行效率。

第四，基于大数据的教育资源分配预测及科学决策能力。大数据在智慧校园中无处不在，对未来学校的发展具有举足轻重的作用，进行大数据建设，让大数据成为教育管理现代化的依据，最能表现让数据说话的客观、真实、科学、可信的实践精神、科研精神和科学的决策辅助作用。

智慧校园建设为个性化学习和信息技术与教育教学深度融合提供平台和工具，为教育教学理念、制度、方法和手段全面创新提供数据支撑，是为了促进教学效果的提升，核心目的是为了人的发展，即智慧教学。智慧教学包括教与学两个方面，实际上智慧校园在一定程度上模糊了教与学两个方面的界限，因此，对智慧教学的智慧表现描述不必做特意区分。一般认为智慧校园中支撑教学的技术主要有学习分析技术、资源个性推荐技术等。学习分析的目的是理解和优化学习及学习情境，因此，其智慧表现在获取数据、分析数据，帮助教师、学生、教育机构等解读数据，并根据数据结果采取干预措施，即实现了教学过程的全程智慧性管理、记录、分析、评价，提供个性化教学。资源个性推荐设计语义网络与本体技术，其目的是为学习者提供更好的资源检索和定位，而其智慧表现为资源系统的适应性和个性化服务能力，以及教学资源效能的挖掘分析。

智慧表现的分析可以更清楚地表达智慧性设计的初衷，使人们更直观地感受智慧校园带来的好处及其相比数字校园的进步。

尽管目前智慧校园的研究和实践探索还很少，但是它必将是数字校园未来发展的主要形态。当前智慧校园的探索还是一个美好的愿景，智慧化程度还有待进一步提高。尤其是在"节能减排""绿色环保""生态文明""勤俭节约""效益最大化"的理念下，建设个性化、智慧化特征鲜明、实用性强、用户满意度高的智慧校园的背景下，智慧校园未来发展的关键是"智慧"体现在何处，如何体现。

第二节　智慧校园的总体目标

《教育信息化十年发展规划》提出了教育信息化的发展目标，这一目标涵盖了学校信息化的发展目标。具体到智慧校园的建设目标或发展目标，是构建一个智能、灵活、高效运转的信息化体系，包括智慧校园环境和实现智慧教学、协同办公以及基于大数据的决策系统等。

具体来讲，它包括以下三个特征：

第一，将人、设备、自然和社会各因素互联互通，并使他们之间互动的方式更智能化，进而使他们之间的任何互动都有助于促进人、信息系统、设施环境三者之间数据的交互融合，使校园的运转能够实现智能化的感知、衡量和调度。

第二，对校园中人、财、物和学、研、管业务过程中的信息实现快速、准确获取，通过综合数据分析为管理改进和业务流程再造提供数据支持，推动学校进行制度创新、管理创新，以实现决策科学化和管理规范化。

第三，通过应用服务的集成与融合，实现校园的信息获取、信息共享和信息服务，从而推进智慧化的教学、智慧化的科研、智慧化的管理、智慧化的生活以及智慧化的服务的实现进程。

智慧校园建设的最终目标就是实现教育信息化和智能化。因此智慧校园的建设和发展要能够适应新时期网络技术的发展、社会的需要，以及学校管理、教学改革等方面的需要。

第三节 智慧校园的体系架构

一、基础设施层

基础设施层是智慧校园平台的基础设施保障,提供异构通信网络广泛的物联感知和海量数据汇集存储,为智慧校园的各种应用提供基础支持,为大数据挖掘、分析提供数据支撑,包括校园信息化基础设施、数据库与服务器等。

基础设施建设需要实现资源的集中化、规模化,实现对各类异构软硬件基础资源的兼容性和资源的动态流转,同时对静态、固定的硬件资源进行调度,形成资源池。

(一)数据中心机房

校园网络数据中心由数据中心机房、安装在中心机房的服务器、网络核心设备、存储子系统、不间断电源(UPS)、空调、安防设备等构成。

(二)数据库与服务器

数据库与服务器是智慧校园服务的数据汇集存储系统,配置管理数据库、用户数据库、媒体数据库、备份数据库等和与之相对应的应用服务器、文件服务器、资源服务器和备份服务器等。

(三)网络通信系统

网络通信系统包括互联网接入,如有线接入、无线接入等。网络通信系统建设的目标是建设一个实用、高速、运行稳定可靠以及安全可控的校园网络,为学校的资源共享、教育教学、职业训练、学校管理和网络文化生活等校园信息化应用和服务提供满足服务质量要求的网络支撑环境。

(四)感知系统与物联网技术设施

感知系统包括物理环境感知、活动情境感知、设备感知和人员身份感知等。在高等院校中,感知系统与物联网技术设施的建设与应用可在以下几个方面促进校园智慧化的发展。

在教学方面，应逐步在课堂及实习实训环境中布设感知设备，为智慧教室、新型实习实训环境的建设奠定信息采集、管理或控制的基础。

在安防方面，应在校园重点及敏感区域布设感知设备，以对感知范围内的人员、设备、车辆、事件等各类重点信息进行监控和监测，逐步形成智慧化的校园管理与服务环境。

在节能方面，应对学校的水电气等能源消耗控制部位部署感知设备，可实现远程自动监测和实时控制，并逐步形成校园智慧节能体系。

在管理方面，各类感知设备所产生的数据可以通过有线网络和无线网络进行传输，并由校级物联网管理平台进行管理，且能按需与其他系统实现数据交换和共享。

（五）各类信息化应用专属基础设施

在学校的智慧教学环境、智慧教学资源、智慧校园管理、智慧校园服务体系的建设过程中，所发展的很多具体信息化应用往往需要配套专属基础设施。在进行各类信息化应用专属基础设施建设的时候，应遵循以下基本原则。

优先使用校园网络数据中心的计算资源，以便于学校计算资源的统一管理与综合应用。

优先使用已有的校园网络通信资源，对于需要新增和扩展的网络通信设施，也需要并入校园网络通信资源体系。

对于与物联网应用相关的信息化系统，在信息化系统规划设计时，应考虑已有的校园感知系统与物联网设施的有效利用，对于新增和扩展的感知系统与物联网设施，应并入校园感知系统和物联网设施体系。

对于需要公共终端资源的信息化系统，在信息化系统规划设计时，应考虑校园已有公共终端设备与设施的有效利用，对于新增和扩展的公共终端设备与设施，应并入校园公共终端资源体系。

二、支撑平台层

智慧校园支撑平台层是体现智慧校园云计算及其服务能力的核心层，为智慧校园的各类应用服务提供驱动和支撑。通过支撑平台层，要能够解决信息孤岛问题，实现智慧校园各类应用服务的集成以及数据融合综合应用，包括统一身份认证、统一信息门户、统一数据标准、决策支持服务、一卡通应用服务、基于数据形成的档案服务等。

为实现智慧校园支撑平台层的建设，学校应进行校园大数据中心系统的规划与持续建设。校园大数据中心所提供的核心服务，通常包括以下几个部分。

（一）数据交换

数据交换单元是在基础设施层数据库与服务器的基础上扩展已有的应用，包括数据存储、数据汇聚与分类、数据抽取与数据推送等功能模块。

（二）数据处理

数据处理单元包括数据挖掘、数据分析、数据融合和数据可视化等功能模块。

（三）数据服务

数据服务单元包括数据安全服务、数据报表服务、数据共享服务等功能模块。

（四）支撑平台

支撑平台单元包括统一身份认证、权限管理、菜单管理和接口服务等功能模块。

（五）统一接口

统一接口单元是智慧校园实现安全性、开放性、可管理性和可移植性的中间件，如API接口、B/S接口、C/S接口和个性化接口等。

基于大数据中心，学校各类应用系统与已经部署且开放接口的国家核心系统、上级通用系统在用户、数据、业务处理上能高度融合，实现无缝对接。

三、应用平台层

应用平台层是智慧校园应用与服务的内容体现，在支撑平台层的基础上，构建智慧校园的环境、资源、管理和服务等应用，为师生员工及社会公众提供泛在的服务。应用平台层包括智慧教学环境、智慧教学资源、智慧校园管理、智慧校园服务四大部分。

四、应用终端层

应用终端层是接入访问的信息门户，访问者通过统一认证的平台门户，用各种浏览器及移动终端安全访问，随时随地共享平台服务和资源，包括用户和接入访问两个方面。

用户：是指教师、学生、管理者和操作员等使用群体。

接入访问：是指用户可以通过计算机网页浏览器或移动终端系统接入访问。

五、信息安全体系

信息安全体系是贯穿智慧校园总体框架多个层面的安全保障系统。智慧校园信息安全体系包含智慧校园安全管理体系、智慧校园安全技术防护体系、智慧校园安全运维体系，其中安全技术防护体系又包括物理安全、网络安全、主机安全、应用安全和数据安全等。智慧校园安全体系不低于GB/T 2240—2008规定的三级要求。

六、条件保障体系

智慧校园的保障体系包括教育信息化领导力，信息化组织机构与人力资源、信息化政策、规范与机制，信息化项目建设与运维管理，以及信息化安全保障体系等方面，是智慧校园顺利实施、平稳运行和持续发展的保障，也称之为可持续发展保障体系。

(一) 教育信息化领导力

教育信息化领导力是指校级领导的信息化相关能力与素养，主要由信息化价值的认知能力、信息化工作的调控能力和信息化绩效的评估能力三部分构成。校级领导通过对信息化工作施加影响力，让信息化建设满足本校的需要，促进信息化要素充分发挥作用，支持学校的教学创新和管理改革。

(二) 信息化组织机构与人力资源

学校应当组建高效的信息化组织机构，以适应信息化引发的学校教学模式创新和业务流程再造等带来的变革需要，保障智慧校园的实现。信息化组织机构由学校信息化领导小组、负责信息化工作的校级领导、单独设置的中层管理机构（信息化办公室或教育信息中心）、学校业务部门以及监理与评价小组组成。

(三) 信息化政策、规范与机制

学校应制定信息化战略规划，战略规划既包括3至5年的中长期规划，也包括基于中长期规划所分解形成的短期规划与计划（每年、每学期规划）。

学校应制定智慧校园规划与建设机制、信息化建设管理规范、信息化应用激励政策、用户信息化岗位规范、信息化应用管理规章、人员培训制度、经费保障机制、研究与发展机制等系列校级政策、规范与机制，并且符合基础设施建设准则、应用服务建设准则、教育信息化标准与规范。

(四) 信息化项目建设与运维管理

智慧校园及其下属各个子项目的建设与实施过程，都应分为"规划与设计、建设与部署、管理与维护、应用与推广"四个阶段，在四个阶段循环进行的过程中应始终有效果评价，并将其结果反馈给各个阶段加以改进，即"评价与改进"。

智慧校园运维管理是指针对智慧校园各系统采取相关的管理办法和技术手段，对运行环境和业务系统等进行维护管理，保障智慧校园稳定运转的工作。智慧校园运维管理体系的建设要求是：建立运维管理的组织机构，制定科学有序的规章制度和管理流程，实施统一的运行维护规范，应用运维管理工具搭建运维管理平台,保障智慧校园的稳定运转。运维管理体系的建设应遵循ITIL和ISO20000标准。

(五)信息化安全保障体系

智慧校园安全保障体系是指为实现智慧校园安全保障的目标所制定的方针政策、组织结构、规章制度、流程规范和技术手段的总和,涵盖网络系统安全、计算机系统安全和信息安全等范畴。

第四节 智慧校园的核心内容

一、智慧教学环境

智慧教学环境可以是实体的教学环境,也可以是虚拟的教学环境或虚实结合的混合教学环境。按照《智慧校园总体架构(GBT36342—2018)》文件所示,智慧教学环境包含基础设施层、支撑平台层、应用平台层、应用终端层、信息安全体系和技术规范与保障体系。作为独立部署的智慧教学环境,其总体架构与智慧校园的总体架构除应用平台层之外,其他模块完全相同。

(一)智慧教学环境所能提供的功能与分级标准

智慧教学环境是集智能化感知、智能化控制、智能化管理、智能化互动反馈、智能化数据分析、智能化视窗等功能于一体,支持教学、科研活动的现实空间与虚拟空间融合的环境。

根据智慧教学环境提供的功能,将智慧教学环境分为以下三级:基础型(一级)教学环境:适用于各级各类院校的常规教学活动;拓展型(二级)教学环境:适用于各级各类院校的常规教学、案例教学及远程教学活动;高级型(三级)教学环境:适用于各级各类院校的常规教学、远程教学、实践实训教学活动和课堂教学管理决策分析等。

(二)智慧教学环境应用平台层建设内容

智慧教学环境应用平台层建设内容主要包含多媒体与智慧教室建设、创客实训教学环境建设、教学资源共享与网络教学服务应用、实习实训教学服务应用等内容。

1. 智慧教室

智慧教室是为教学活动提供智慧应用服务的教室空间及其软硬件装备的总和。学校可以在现有基础上将多媒体教室升级成智慧教室，或者新建智慧教室。相对于传统的多媒体教室，智慧教室通过物联网感知系统实现了物与物、物与人的泛在连接，实现了对各类对象的智慧化识别、跟踪、监控和管理，实现了教学活动开展的智慧化。学校智慧教室的建设可在以下各方面逐步形成智慧化建设特色：

第一，基础设施系统包括物理空间、桌椅装置、供配电、通风空调、灯光照明等子系统。

第二，网络感知系统包括网络接入、射频识别、人体识别等子系统。

第三，可视管理系统包括中控、能耗、监控等子系统。

第四，增强现实系统包括交互演示、视频会议、穿戴设备等子系统。

第五，实时记录系统包括课程录播、电子学档、课堂应答等子系统。

第六，泛在技术系统包括云端服务和移动终端等子系统。

学校在智慧教室实际工程建设项目中，可根据自身需求和经费情况有所取舍，但应该做好智慧教室的可继承性、可持续性建设规划。

2. 教学资源共享与网络教学服务

教学资源共享与网络教学服务旨在实现校内及校与校之间数字教学资源充分共享、有效应用，一般包含数字教学资源中心、网络课程管理与共享服务、校际资源与课程共享服务、基于共享资源的网络教学服务，以及针对数字资源、网络课程及网络教学的评价服务等。

在具体实现上，教学资源共享与网络教学服务应融入院校日常教学及专业建设的各类教学服务类信息系统之中，并且能够通过校内云服务模式或数据融合模式实现教学资源、网络课程在不同教学服务类信息系统中的共享，避免出现教学资源和网络课程资源的"孤岛"化建设。

通过教学大数据分析等方法可以提前预知学习者潜在的学习需求，学习者通过资源订阅和智能推送的方式第一时间获取最新的学习资源，实现了教与学的立体沟通与交流，提供了个性化学习支撑条件，形成了智慧化的在线教学环境。

3. 实习实训教学信息化

学校及各重点建设专业，能够有效利用互联网、物联网、移动通信网实现学生实习实训教学服务，为参加实习实训学生提供在线学习、考核、交流平台；利用三网联动技术实现实习实训教学活动过程监控、信息管理以及在线远程观摩示范等，包括实习实训考勤管理、实习实训人员管理、实习实训项目管理、实习实训设备管理、实习实训教学管理和实习实训评价评估等。

二、智慧校园的教学资源

智慧教学资源是智慧校园的重要功能单元，使用者可以通过多种接入方式访问资源管理平台，并搜索、浏览或下载所需资源。智慧教学资源分为基础设施层、支撑平台层、应用平台层、应用终端和信息安全体系五部分。其总体架构与智慧校园的总体架构除应用平台层之外，其他模块完全相同。

智慧教学资源应用层包括资源制作、资源库、资源应用等应用单元。这些应用单元需在各类教学服务类信息系统中进行功能性实现。

（一）教学资源的来源

开放资源：基于非商业用途，执行开放资源版权要求，借助网络信息技术自由使用和修改的数字资源。

引进资源：学校以购买、接受捐赠等形式从校外引入的教学资源。

校本资源：学校自主开发的具有自主版权的资源，包括学校自主建设或与企业等单位合作研发的教学资源。

（二）教学资源建设与应用的原则与要求

开放资源的应用原则：一是提倡对开放资源进行有目的的再加工。使之完全符合教学需求；二是版权清晰、来源明确。

引进资源的实施原则：一是确认是否存在开放性资源；二是联合相关院校，实施联合引进，以降低引进成本；三是将引进资源计划纳入院校资源建设整体规划，防止盲目引进、跟风引进；四是从实际需求出发，有效利用资金，优先引进解决教学中进不去、看不见、动不了和高危险、高耗能、高污染的实践性教学资源。

校本资源的建设原则：一是确认是否存在开放资源、引进资源。二是确认校本资源具有一定的应用群体、一定的应用寿命；三是确认具有日常维护、可持续开发的资金支持；四是确认可以组织科学、高效的开发团队；五是进行有效的教学设计并采用主流技术；六是制定资源建设、应用标准及推广方案。

三、智慧校园管理

智慧校园管理可以作为智慧校园总体架构的一部分进行构建，也可以独立进行部署，主要包括基础设施层、支撑平台层、应用平台层、应用终端和信息安全体系等。其总体架构与智慧校园的总体架构除应用平台层之外，其他模块完全相同。

（一）智慧校园管理应用平台层建设内容

智慧校园管理应用平台层是智慧校园管理与服务的内容体现，在支撑平台层的基础上，构建智慧教学资源管理与服务等应用，为在线用户提供支撑服务。对于不同的学校类型，智慧校园管理有着不同的应用与侧重点。

1. 决策支持应用服务

学校的决策支持服务体系应基于智慧校园的支撑平台层即大数据中心进行建设。决策支持服务体系的建设目标是面向院校决策层、各业务部门、教学单位甚至教师，通过校园数据沉淀和大数据服务，及时动态提供办学理念、办学条件、管理状态、师资队伍、教学质量、科研水平、后勤保障、学生风貌等各方面的现状数据，并能够进行在线数据分析和图形呈现，为学校的发展决策、管理与教学工作提供有力的动态数据支撑。同时，也可以为学生、教职员工以及校外人员提供便捷的网络信息综合服务。

学校决策支持服务中心可以与智慧校园运维管理平台、各类校园数字通信服务（含数字广播服务、网络电视服务、数字宣传服务、数字会议系统）、数字安防系统的中央控制环境一起，进行融合性规划与建设。

2. 教学管理服务

教学管理服务通过信息管理和过程管理对教学管理工作中的主要教学活动进行信息化支持，实现教学管理的规范化和科学化。教学管理系统包括教师指南、学生指南、教务管理等模块。

3. 学生管理服务

学生管理服务以学生招生、入学、在校、就业、离校的全过程为线索，支持学生开展在校学习和生活，支持学生管理部门开展各项管理工作。通过实时采集的学生各方面状态数据和分析模型，可形成学生个性化档案，便于学校开展学生管理工作。

4. 教研管理服务

教研管理服务针对学校日常科研活动的各个环节进行管理，整合学校教科研相关资源，为从事教科研的教师和学生提供教科研资源调度和信息服务支持，为学校教科研管理部门提供教科研管理决策支持。

5. 人力资源管理服务

人力资源管理服务以教职工为核心，整合学校各部门的人力资源信息，为人力资源管理部门和教职工提供信息化管理和服务。通过数据挖掘和分析，为学校教职工形成电子档案，为人力资源管理部门提供各类直观的学校人力资源情况统计报表。

6. 办公自动化服务

办公自动化服务以表单或文档流转方式进行相关工作流程的执行，完成业务知识的积累和储存，为非固化业务工作的开展、非结构化信息的共享提供支撑，面向学校日常管理中办公室的业务提供信息化的支持。通过办公流程引擎运行可将学校日常办公业务固化为在线办公模式，工作过程和结果一目了然,可追溯性强,提高了日常办公的时效性。

7. 财务管理服务

财务管理服务将学校财务管理、监督、控制、服务融为一体,为学校各级财务人员、财务主管、学生、教师和学校领导提供信息化财务环境。

8. 设备资产管理服务

设备资产管理服务支持管理学校各类设备和资产,使设备和资产资源更好地服务于学校的教学、科研、管理、服务、校园文化生活。通过物联网感知系统和大数据分析手段可直观呈现学校设备资产运维管理状态,可实现学校设备资产管理智慧化。

四、智慧校园的服务

智慧校园的服务是指以信息技术为手段,为教学提供基于互联网的智慧校园公共服务支撑体系,它可以作为智慧校园总体架构的一部分进行构建,也可以独立进行部署,主要包括基础设施层、支撑平台层、应用平台层、应用终端和信息安全体系、条件保障体系等。其总体架构与智慧校园的总体架构除应用平台层之外,其他模块完全相同。

智慧校园服务的应用平台层是智慧校园服务的具体内容体现,在支撑平台层的基础上,构建智慧校园服务体系的管理和服务等应用,为在线用户提供支撑服务。

(一)校园一卡通服务

校园一卡通服务将校内用户身份识别、校内小额金融结算、校务管理、金融服务集成为一体,为学校潜在的信息化应用建立关联或集成提供接口,实现"一卡在手,走遍校园,一卡通用,一卡多用"。校园一卡通应用平台层主要是由系统平台和应用子系统两大部分组成。校园一卡通系统平台主要包括数据中心,前置系统,卡务管理和第三方业务接口四个部分,与延伸在校内各个区域的人工服务网点和自助服务设施相对接。校园一卡通应用子系统主要为校内小额结算交易和具备身份认证需求的系统提供支持,其应用涉及学校的教学、管理、学习、科研、生活的各个方面，其主要功能包括：注册管理、缴费管理、迎新离校、门禁管理、水（电）管理、餐饮服务、校内消费、乘车、自助查询、图书、医疗、上机、考勤、洗衣、运动健身管理、支持银行转账、代扣代缴、财务报销认证、手机充值、电话缴费、校园电子商务等服务，具备持卡人分级权限管理、持卡人信息黑名单管理、财务管理、各类分析报表等功能。

（二）智慧图书馆服务

智慧图书馆是一种以数字化、网络化、智能化的信息科学为基本手段，具有更加高效和便利特点的图书馆运行模式，它最本真的追求是用最绿色的方式和数字化的手段来实现阅读。图书馆的智慧服务通常是指在合适的时间、合适的地点以合适的方式向读者提供其所需的资源或服务，是图书馆、智能化设备、云计算和物联网的一个有机结合体，整个过程是以一种自动的、人性化的、交互式的和个性化的方式提供，读者只需提出服务请求，或输入查询指令，系统就能通过历史信息、聚类信息或其他数据分析感知读者的需求并提供相应服务，通过物联网技术来实现智慧化的服务和管理。

智慧图书馆系统模块包含出入口一卡通门禁认证器、读者自助借阅系统、馆员工作站读取器、便携式馆藏点检器、智能流通标签转换连接工作站、读者自助还书系统、手机移动图书馆、智能安全监测系统、应用服务器及校园借阅信息提示器。整个图书馆射频识别智能馆藏系统应用软件包括：射频识别图书标签、借阅信息提示系统、智能安全检测系统、便携式馆藏点检系统、标签转换系统、管员工作站、自助还书系统、电子阅览室认证系统。

（三）家校互通服务

家校互通服务，为学生家长提供在线了解学生在校轨迹的记录，实现家校互联和互动数据记录的保存、挖掘和应用等服务。

（四）毕业生与校友服务

毕业生与校友服务，是以应届毕业生与往届毕业生为服务对象，提供就业信息服务、就业与岗前培训服务。基于毕业生与校友服务平台,在为校友提供交流与协作发展的公共信息服务的同时,对毕业生及校友的就业信息进行采集与管理,实现面向毕业生的就业信息跟踪与分析应用,促进学校教学能力与水平的提升。学校的学生管理系统应与毕业生与校友服务平台进行对接,以形成毕业生完整的数字化档案。

(五)班主任与辅导员服务

为学校班主任、辅导员的日常工作提供在线学习、师生互动、学生活动组织、心理辅导与咨询、日常工作交流、团员活动等方面的信息化支撑环境。

(六)数字化场馆服务

数字化场馆的建设,可以作为学校智慧校园及重点专业特色化的建设内容与项目。数字化场馆的建设,可以采用学校自建的模式,也可以采用社会(行业企业)构建、学校引入应用的模式。

(七)数字通信服务

学校需基于智慧校园的数字化基础设施与支撑平台,进行数字化通信服务体系的建设。另一方面,学校在进行数字化通信服务体系建设的过程中,扩展建设和形成的计算资源、网络通信、感知系统、物联网技术设施资源等,都应纳入学校智慧校园基础设施资源进行统筹管理与应用。

五、智慧校园的信息安全

信息安全体系是贯穿智慧校园总体框架多个层面的安全保障系统。智慧校园信息安全体系包含智慧校园安全管理体系、智慧校园安全技术防护体系、智慧校园安全运维体系,其中安全技术防护体系又包括物理安全、网络安全、主机安全、应用安全和数据安全等。智慧校园安全体系不低于GB/T 22240—2008规定的三级要求。

(一)安全技术防护体系的组成

物理安全:是指从校园网络的物理连接层面进行物理的隔离和保护,包含环境安全和设备安全等部分。

网络安全：按照信息等级保护的原则，进行逻辑安全区域的划分和防护，包含结构安全、访问控制、安全审计、边界完整性检查、入侵防范、恶意代码防护以及网络设备要求等部分。

主机安全：信息系统的计算机服务器等部署在安全的物理环境和网络环境。

应用安全：对智慧校园的各应用系统如科研系统、门户网站、招生系统、校园一卡通系统、教务系统、财务系统等进行技术防护，使之免受攻击。

数据安全：数据安全包括多个层次，如制度安全、技术安全、运算安全、存储安全、传输安全、产品和服务安全等。数据安全防护系统保障数据的保密性、完整性和可用性，按照信息系统安全保护等级，可对数据安全从三面进行保障——对敏感数据进行加密、保障数据传输安全和建立安全分级身份认证。

（二）信息安全防护架构与防护措施要求

结构安全保障：包括信息网络分域分级，按用户业务划分安全域，并根据安全域支撑的业务，通过有效的路由控制、带宽控制，保障关键业务对网络资源的需求。

网络行为审计：包括提供可视化管理，对信息网络关键节点上的业务访问进行深度识别与全面审计，提供基于用户、访问行为、系统资源等的监控措施，提升信息网络的透明度。

边界完整性保护：系统具备与第三方终端系统整合的功能，对非法接入的终端进行识别与阻断。

攻击和入侵防范：提供基于应用的入侵防范，在实现对攻击行为深度检测的同时，通过应用识别来锁定真实的应用，并以此为基础进行深度的攻击分析，准确、快捷地定位攻击的类型。

恶意代码防护：提供基于病毒的病毒过滤技术，具有病毒检测性能，在边界为用户提供恶意代码过滤的同时，有效保障业务工作的连续性。

远程数据安全传输：采用虚拟装用网络技术对远程访问的数据包实施机

密性和完整性保护，防止数据在传输过程中被窃取和篡改。

网络安全防护：包括内网防护功能、外网防护功能、VPN访问控制。

应用访问控制：部署的防火墙设备还根据具体的应用类型来配置访问控制策略，针对用户多业务的特点，区分不同的业务类型，确定外网终端可进行的具体应用，杜绝非法的访问，保障业务访问的合规性。

数据安全防护：数据中心出口针对具体应用，部署入侵防御系统，对访问数据包的内容进行深度检测，提升对攻击检测的准确性。

移动访问安全防护：具备移动身份认证。移动数据安全传输、移动应用控制等功能。

六、智慧校园的条件保障

智慧校园的条件保障体系是智慧校园的保障条件，是智慧校园顺利实施、平稳运行和持续发展的前提，也是智慧校园建设的一个重要组成部分。智慧校园的条件保障体系包括智慧校园的技术规范与保障体系，涉及智慧校园的信息化领导力、信息化组织机构、信息化人力资源、信息化政策与规范、信息化建设与应用机制、运维管理体系、安全保障体系等方面。

第三章　智慧校园的核心技术

第一节　移动互联网技术

一、移动互联网技术定义及特征

(一) 什么是移动互联网技术

中国工业和信息化部电信研究院在 2011 年发表的《移动互联网白皮书》中指出:"移动互联网是以移动网络作为接入网络的互联网及服务,包括三个要素:移动终端、移动网络和应用服务。"这是移动互联网比较有代表性的定义。

移动互联网技术既具有移动通信技术的便捷性、时效性、移动性等特点,又具有传统互联网覆盖面积广、多应用程序支持的优势,满足了人们不受时空限制地获取信息、进行事务处理的需求。

移动互联网将移动通信和互联网有机地衔接在一起,可以帮助学校师生通过智能移动终端,采用移动无线通信的方式获取服务。移动互联网主要包含终端、软件和应用三个层面。终端层包括智能手机、PDA 智能终端、平板电脑、车载智能终端、可穿戴设备等;软件层包括操作系统、中间件、数据库和安全软件等;应用层包括各类移动应用服务。

(二) 移动互联网技术的发展

随着用户需求的飞速膨胀,移动通信技术也在不断地更新换代。全球

4G建设方兴未艾，5G（第五代移动通信网络）已随着新型技术和网络架构的研究开发在全球拉开大幕。5G不只关注人与人之间的通信，还关注物联网技术。5G时代，人和人、人和物、物和物都将连成一体。5G技术具有超高流量密度、超高连接数密度、超高移动性、超高用户体验速率、低时延、高可靠等特性。

1. 速度快

我们可以明显感觉到，在3G的时候拿个手机去下载一张图片，2M的图片半天都下载不下来。到了4G，不但能秒下，还出现了一个很大的改变：比如你用微信打开一个视频，一打开它就开始自动播放了，而3G是不会自动播放的，为什么？因为4G速度快了，可以随便播放了，那5G时代又会有什么改变呢？

VR为什么在手机上没有普遍使用？因为现在用手机体验VR，速度很慢，效果很差，看一会可能还会头晕目眩。使用VR至少需要157M的速度，而现在的4G速度达不到。到了5G时代，就可以很好地体验VR了。

2. 泛在网

泛在网有两个层面的含义：一是广覆盖；二是深覆盖。

广覆盖是指我们社会生活的各个地方，都需要广泛覆盖，以前类似高山、峡谷、荒漠等人烟稀少的地方是不会覆盖网络的，但是如果使用5G技术，容易覆盖更大面积的区域。在这些区域部署传感器，5G可以为环境、空气质量以及地貌变化、地震的监测等应用提供网络。

深覆盖是指在我们生活中，虽然已经有网络部署，但是需要进入更高品质的深度覆盖。例如，我们已经有了4G网络，但是一旦进入地下停车场就发现基本没有信号了。等5G时代到来，地下停车库等地方都会有很好的5G网络覆盖，智慧汽车自动停车入库也能变成现实。一定程度上，泛在网比高速度还重要，只是建一个少数地方覆盖、速度很高的网络，并不能完全满足用户的服务体验，而泛在网才是5G给用户更好体验的一个根本保证。

3. 低功耗

5G 要支持大规模物联网技术应用，就必须要有功耗的要求。这些年，可穿戴产品有一定发展，但是遇到很多瓶颈，以智能手表为例，耗电快，甚至需要一天充电一次。如果通信过程消耗大量的能量，就很难让物联网产品被用户广泛接受。如果能把功耗降下来，让大部分物联网产品充电频率降低，就能大大改善用户体验，促进物联网产品的快速普及。

4. 低时延

平时我们说话的声音是怎么传递的呢？讲话震动空气，两个人互相传递，传递的时间是 140 毫秒。140 毫秒对于人类是能够忍受的，我们从来不会觉得有多大的时延。但是如果控制一架无人驾驶飞机或者一辆汽车，给这个汽车一个信号说刹车，这个汽车还要 140 毫秒来反应，那就跑了 200 米了，如果是 20 毫秒，也跑了十几米了，这样无人驾驶汽车是不可能变成现实的。

新世界电信联盟的愿景是将 5G 的时延做到 1 毫秒，甚至低于 1 毫秒，这是现在 4G 网络技术做不到的。

（三）移动互联网技术的内涵与特征

移动互联网将移动通信和互联网这两个发展最快、创新最活跃的领域连接在一起，并凭借数十亿用户的规模，正在开辟 ICT（信息通信技术）产业发展的新时代。移动互联网不是固网互联网的简单复制，不仅改变接入手段，而且引入新能力、新思想和新模式，进而不断催生出新型产业链条、服务形态和商业模式。

移动互联网的"小巧轻便"及"通信便捷"两个特点，决定了其与 PC 互联网的根本不同。移动互联网具有以下三个鲜明特性。

1. 便捷性和便携性

移动互联网的基础网络是一张立体的网络，GPRS、4G、5G 和 WLAN 或 WIFI 构成的无缝覆盖，使得移动终端具有通过上述任何形式方便联通网络的特性；移动互联网的基本载体是移动终端。顾名思义，这些移动终端不仅仅是智能手机、平板电脑，还有可能是智能眼镜、手表、服装、饰品等各类人体穿戴随身物品。这些移动终端在移动互联网的技术支持下可随时随地使用，体现出了移动互联网的便捷性和便携性。

2. 即时性和精确性

由于有了上述便捷性和便携性，人们可以充分利用生活中、工作中的碎片化时间，接受和处理互联网的各类信息，不再担心有任何重要信息、时效信息被错过了。无论是什么样的移动终端，其个性化程度都相当高，尤其是智能手机，每一个电话号码都精确地指向了一个明确的个体。移动互联网能够针对不同的个体，提供更为精准的个性化服务。

3. 感触性和定向性

感触性不仅仅是体现在移动终端屏幕的感触层面，更重要的是体现在照相、摄像、二维码扫描，以及重力感应、磁场感应、移动感应和温度、湿度感应等无所不及的感触功能。而基于位置的服务，不仅能够定位移动终端所在的位置，甚至可以根据移动终端的趋向性，确定下一步可能去往的位置，使得相关服务具有可靠的定位性和定向性。

二、移动互联网技术对教育的影响

移动互联网在教育中的应用覆盖教学、科研、管理、生活等多个方面，兼顾个体、部门和整体性业务。移动互联网对教育的影响主要包括教育资源碎片化、教育场景移动化、教育模式按需化和教育形式互动化等。[①]

教育资源碎片化是指将学习内容进行分割，然后以正式或非正式的方式推送给学习者。其优势是有效利用学习者的碎片化时间，为学习者提供当前需要或感兴趣的学习内容，最有效地满足学习者对知识从不知到知、认识从模糊到清晰的需求。

教育场景移动化是传统的互联网教育与移动网络相结合的产物，实现随

---

① 哈斯高娃、张菊芳、凌佩：《智慧教育》（第 2 版），北京：清华大学出版社 2017 年版。

时随地按需教学。教育场景不再固定于学校、教室、图书馆等，可以扩展到家里、公交车、公园等地。

教育模式按需化是指移动互联网的到来，智能终端的普及，以及社会化学习、社区化学习的发展，为人们的随时学习带来可能和便利，同时也将改变人们的学习模式。传统的教育模式以教为主，忽略学生个体的差异性，导致教育缺乏个性化。而移动互联网支持学习者随时随地通过手机等移动终端搜索和查询学习资源，实现按需学习。

教育形式互动化是指传统的网络教育一般需要学员在指定的时间坐到计算机面前接受教育，多为单向的固定知识传授。而移动互联网和智能终端的普及使交互和互动更加便捷：在学习和生活中遇到问题，学生可以随时打开手机，通过搜寻、查找资料、提问等多种方式，在互联网、学校的教学资源库、与专业教师或其他学生的联系中获得答案和灵感，通过与他人沟通、讨论、交流等过程互相学习。

第二节　物联网技术

一、物联网技术及特征

（一）什么是物联网技术

物联网的概念最早由麻省理工学院的 Auto-ID 中心于 1999 年提出，指将所有物品通过信息传感设备与 Internet 连接起来，形成智能化识别并可管理的网络，即依托射频识别（RDIF）技术的物流网络。2005 年，国际电信联盟发布了《ITU 互联网报告 2005：物联网》对物联网的含义进行了扩展，指出信息与通信技术应用所要达到的目标已经从任何时间、地点连接到任何人，发展到连接任何物品的阶段，而万物的连接就构成了物联网。2009 年，IBM 在提出"智慧地球"概念时，"物联网"的概念在全球范围内迅速被认可。

物联网包括感、联、知、控四要素。

感：指通过多种感知器，感知物理世界的状态。即通过感知设备如光纤、读卡器、摄像头、RFID射频、声光电传感器等传感设备，获取外部数据。感是物联网的第一步。

联：即联结，通过互联网、网关等网络连接信息世界和物理世界，将感知设备搜集的数据传输到网络，实现数据的交换、分析、协同和控制。

知：通过感知数据的计算、推理，深入分析和正确认识物理世界。

控：根据认知结果，确定控制策略，发送控制指令，指挥各执行器控制物理世界，对应的是服务层，提供应用服务。

（二）物联网的架构

物联网的架构可以分为四个层次，分别是感知层、网络层、平台服务层、应用服务层。

感知层是通过底层各种传感器、执行器、摄像头、二维码、RFID、智能装置等获取环境、资产或者运营状态信息，再通过适当的处理之后，将数据通过传感器传输到网络层。各智能子系统的执行器和传感器，也是物联网的接口。

网络层是通过传感网络与现有网络（如互联网、4G/5G移动网、专网等）混合的结构体系，使用统一的通信协议，实现数据的进一步处理和传递。网络层中的物联网节点是具有数据转发功能的"内在智能"网关，各个区域的感知层传感器经物联网节点直接接入到互联网中，与云端服务器互联互通。主要由运营商提供的GPRS、3G、4G、NB-IoT等移动网络进行数据信息的传输。

平台服务层是通过数据中心、服务器、存储设备、云计算、中间件、操作系统，将感知层获得的数据通过网络进行集中处理。物联网平台是物联网产业链中的重要环节，通过平台实现对终端设备的"管、控、营"一体化，向下连接感知层，向上为应用服务商提供应用开发能力和统一接口。

应用服务层通过第三方平台，提供业务应用、业务经营、数据挖掘、机器学习、专家诊断等服务，依据统一的标准服务接口，实现物联网在政府、企业、消费三类群体之间的多样化的应用。

（三）物联网技术的主要特征

1. 用户、物体数字化与虚拟化

物联网是一个将人、物、互联网实现无缝互联的网络化信息系统，并能向用户提供新型IT服务。而且物体的数字化、虚拟化使物理实体成为彼此可寻址、可识别、可交互、可协同的智能物，用户利用射频识别、传感器、二维码等可随时随地获取物体的信息。

2. 泛在互联

物联网以互联网为基础，将数字化、智能化的物体接入其中，实现自组织互联，将物体的信息实时准确地传递出去，是互联网的延伸与扩展。

3. 利用IT技术实现信息感知与交互

物联网是下一代互联网，通过嵌入到物体上的各种数字化标识、感应设备如射频识别（标签、传感器、响应器等），使物体具有可识别、可感知、交互和响应的能力，并通过与互联网的集成实现物物相连，构成一个协同的网络信息系统。在网络互联基础上，实现信息的感知、采集以及在此基础之上的响应和控制。

4. 智能信息处理与服务

支持信息处理，为用户提供基于物物互联的新型信息化服务。物联网利用数据融合及处理、云计算、模糊识别等各种智能计算技术，对海量的数据和信息进行分析、融合和处理，对物体实施智能化的控制，并向用户提供信息服务。

5. 自动控制

利用模糊识别等智能控制技术对物体实施智能化控制和利用，最终形成物理、数字、虚拟世界和社会共生互动的智能社会。

6. 产业化

物联网是一个具有巨大市场潜力的信息技术产业，其产业链包含芯片、传感器、射频识别标签制造商、设备提供商、软件企业、系统集成商、网络提供商、运营及服务商、最终用户。物联网将为产业链的各个环节带来巨大商机。

二、物联网技术在智慧校园中的应用

物联网迅速发展，被教育领域采用，使得智慧校园成为可能。物联网对教育的影响主要包括优化教学环境、提升实验实训教学、维护校园安全及管理、缩小区域间的差距等。基于 LoRa、NB-IoT 等技术，建立支持 Zigbee、RFID、蓝牙等多种物联网协议的传感网络，可在智慧校园中实现以下功能：使智慧校园具备校园水、电、气运行状况的感知、传输、监控、预警能力；使智慧校园具备重要教学实验设备、后勤重要设备设施运行状态的感知、传输、监控、预警能力；使智慧校园具备校园食品安全、危险物品和危险实训仪器的感知、传输、监控、预警能力；使智慧校园具备人员位置感知、传输、监控、预警能力；使智慧校园具备车辆进出和停车位置感知、传输、监控、预警能力。

三、物联网技术的教育应用

通过传感器、射频识别技术的运用，物联网可将各种物件互联并实现智能化的数据传递和通信，完成网络内物体的识别、管理和应用等操作。结合物联网的教育应用现状及相关研究，物联网在教育领域中的应用可分为课堂教学、课外学习和教育管理三个方面。

（一）物联网支持课堂教学

1. 实时教学测评

课堂互动反馈是教学中的重要环节，有助于教师了解学生的学习情况，调节教学进程。传统教学模式中，教师常采用察言观色、课堂提问或课堂练习等方式检验学生的学习情况。这些方式存在猜测成分、不能顾及全体、工作量大且反馈不及时等问题。实时教学测评系统基于学生互动反馈系统，通过学生手中的投票器（多采用有源射频方式）统计学生投票、答题情况，并在教师端设备上显示可视化的统计图形，以便于教师迅速分析结果、调整教学。实时教学测评系统还可通过学生佩戴的传感器手表、眼镜等设备记录学生的多重数据，如脑电图、血压、体温等生理信息及眼动、手部轻微移动等运动信息，引入心理学相关测试技术，测试出学生的紧张程度、注意力状况、动脑情况等，教师根据这些反馈信息调整教学模式，对个别表现异常的学生进行辅导。

麻省理工学院有一个项目，学生配置由显示屏和三个反馈按钮（精彩、无聊和迷失）组成的无线计票器，"迷失"学生数量达到一定阈值时，教师显示器会闪烁红灯报警。该设备也用于课堂问题的投票活动，帮助教师修改教学计划和教学活动，从而进一步提高学生的注意力和参与度，促进学生间的交流；同时，教师也可因材施教，定制教学模式并进行教学评价。

2. 指导实验教学、丰富实验教学

学校通过实验教学加强学生对课堂理论知识的理解，巩固课堂知识，培养学生设计、观察、分析和解决问题的能力，使学生做到学以致用，是培养应用型学生的重要手段。但是，学生在实验过程中一旦遇到自己无法解决的问题或者发现实验有误时，积极性与热情便会瞬间下滑，可能会对实验敷衍了事，出现抄袭或猜测实验结果的情况，对后续课程和实验的信心与兴趣也有可能受到影响。另外，传统的实验器材有限且存在一定危险性。

物联网的引入丰富了实验平台，增加了实验安全性。物联网的应用表现在：通过让学生佩戴传感器设备，教师可以及时发现学生在实验过程中出现的错误，进而对其进行指导。教师还可以在实验器材上标明数字化属性和使用帮助信息；当学生使用实验器材不当时，实验器材自动报警，教师可以进行及时的指导。此外，教师可以通过分析实验过程中出现的典型问题，完善后续教学过程，提高教学效率。对于存在安全隐患的实验，教师可以通过物联网远程控制异地的实验器材，实时采集实验数据，并以适当的方式将实验数据传递给实验者，实现实验教学的共享性、安全性。

3. 丰富教学资源

很多自然科学学科需要大量的实验数据，教师可将各类传感器安装在实验器材上，通过远程控制这些实验器材，实时采集实验数据（如温度、压强、液体浓度等），之后将加工和分析后的结果通过网络提供给实验者，学生只需通过计算机等设备就能查看和分析数据，这样既保证了实验数据的全面性、真实性和有效性，也实现了实验教学方式的转变，增强了学生的学习兴趣，解决了传统课堂教学资源有限的问题，节省了各类经费。[①]

4. 优化学习环境

学习环境（如噪声、温度、光线强度等）很大程度上会影响学生的学习效率。学校的教学环境、教学设施、教学活动会产生大量噪声，美国、英国和澳大利亚等国家就噪声对学生学习的影响进行了一系列研究，发现噪声不仅影响学生的听力，更会影响师生交流，对学生的学习产生消极影响，如对学生的学习注意力、阅读计算能力和整体学业成绩等产生影响，这对于那些学习有困难、听力丧失或用非母语学习的儿童影响更大，教师也会因长期提高嗓门而导致声带拉伤。物联网被应用于课堂教学后，教室里布置传感器节点监测各角落的噪声情况，一旦噪声超过预警值，传感器会报警，继而通知有关部门处理，如为椅子等物品铺上毛毡垫以降低噪声反射和混响时间；光线会影响学生视力，教室里安装的光线传感器可随时监控光线亮度并自动调节教室内的照明灯亮度和计算机屏幕亮度，根据室外光照强度调整窗帘高度；传感器还可根据室内二氧化碳浓度和温度自动调节通风量和空调温度等。总之，物联网在教学中的应用可以给学生提供一个舒适的学习环境，促进学生更好地学习。

（二）物联网支持课外学习

1. 拓展课外教学活动、教学空间

课外教学活动能够激发学生的学习兴趣，拓展学习空间，拓宽学生的视

[①] 贺志强、庄君明：《物联网在教育中的应用及发展趋势》，载《现代远程教育》，2011年第2期，第77—80页。

野，培养学生探究知识的能力。课外教学活动是指学生通过课程实习，将所学的课堂知识应用到实践中，从而更好地帮助学生理解和掌握所学的理论知识的过程。但是，学生外出实习有时间、场地的限制，其所学的理论知识无法实时应用。物联网的引入，使得教师可以远程布置、操控传感器节点，将远程设备通过物联网联系到一起，实时传输、存储和分析信息数据。学生对所布置的节点进行长期观测，可查看相应的实验结果，收集实验数据。如此，学生通过观察相应的实验结果即可掌握课堂上枯燥、难以理解的理论知识。

2. 构建移动的学习环境

移动学习是在移动计算设备帮助下，能够在任何时间、任何地点学习的学习模式，移动学习所使用的移动计算设备必须能有效地呈现学习内容并且可为教师与学生之间的双向交流提供工具。

射频识别技术的发展，使学生面对面传输信息的效率更高，使信息传输的移动性和灵活性大大增加；学生能够时刻互动，分享学习材料。无线传感器网络具有自组织、低功耗、成本低等特点，它的引入可以大大改变移动学习中必须依靠昂贵的、待机时间较短的平板电脑的局面，增强了学习和交互过程的效果。而移动学习设备具有的通信功能，可通过开发数据处理模块读取各传感器数据来实现。因此，物联网可以构建移动的学习环境，通过使用连接点、基站和射频识别等相关技术，使移动学习设备连接到学习材料并使学生间的交流更加便利，促进新的学习活动或者主动学习模型的创建，如集成各类学习工具的"无线电子书包系统"学习模型。

3. 利用物联网建立泛在学习环境

泛在学习是指利用信息技术为学生提供一种可以在任何地方、任何时间使用手边可以取得的科技工具来进行学习活动的4A（anyone、anytime、anywhere 和 anydevice）学习模式。

它与移动学习的区别在于它可以利用智能标签识别需要学习的对象，并且可根据学生的学习行为记录调整学习内容，这是对传统课堂和虚拟实验的拓展。例如，生物课的实践性教学中学生需要识别校园内的各种植物，应用泛在学习模式的人员可以为每类植物贴上带有二维码的标签，学生在室外寻找到这些植物后，除了可以知道植物的名字，还可以用手机识别二维码从教学平台上获得植物的扩展内容。

在物联网时代，任何设备只要能够接入网络就能实现智能化操作，泛在学习的思想与物联网的核心思想不谋而合，因此物联网能更好地支持泛在学习模式。泛在学习系统可为学生提供智能化的学习服务，系统通过传感器自动操控电子白板、电子教材等各类学习辅助工具，并通过智能化和尖端化设备来构建智能化无纸教室；利用内藏电子标签或传感器的实验器材进行实验教学；利用多媒体进行音乐教学等，学生的学习环境会发生天翻地覆的变化。[①]

（三）物联网支持教育管理方面

1. 仪器设备管理

学校利用物联网可对仪器设备进行智能化管理。学校作为一个大的教学单位，拥有大量的仪器设备，包括教学仪器、会议设备、运动设备等，这些仪器设备分布在学校各个部门中，存在管理难度大、无人管理、无人及时保养等问题。利用物联网中的传感器或射频识别技术，学校可以统一管理和调度大量的仪器设备，从而有效防止仪器设备的丢失，当仪器设备出现故障时，系统会自动报警，并通知相关人员进行处理。

2. 学生安全行踪及健康管理

学生安全行踪及健康管理包括上下学及在校行踪通知、危险区域管理和学生保健服务、集体野外活动安全监控等。

3. 学校安全管理

学校安全管理包括安全门禁、安全访客管理、机动车管理和校园火灾报

---

① 贺志强、庄君明：《物联网在教育中的应用及发展趋势》，载《现代远程教育》，2011 年第 2 期，第 77－80 页。

警管理。

4. 有助于建立节能教室

节能教室是指实时监控室温、光线强度、空气质量等,并结合教室实际人数自动控制教室电灯、空调、风扇、报警系统等,起到自动节能、防盗效果的校园设施。节能教室具有上课、自习、夜间防盗三种模式,系统根据时间以及校园自定义进行模式切换。

5. 一卡通

将校园身份识别码芯片集成在校园一卡通、个人手机中实现师生身份的绑定,完成师生在校内学习、生活和工作中的各项服务,如统计学生出勤情况、教师上课情况和行政人员的到岗情况,以提高管理水平和效率。

第三节 云计算技术

一、云计算技术及特征

(一)什么是云计算技术

就目前来看,云计算在世界范围内还没有统一的标准定义,还处于正在快速发展的阶段。维基百科将云计算定义为:按照计算机和其他设备需求提供数据资源。NIST将云计算定义为:其基础是互联网,能实现硬件和软件的资源共享,通过网络获取大量数据形成数据共享池,并对这些数据资源进行快速有效支配的方式。虽然对云计算的定义多种多样,但其中的共同点是云计算的所有数据存放于云端,使用者可以通过网络来获取自己所需要的数据和资源。

(二)云计算架构

基础云层、平台云层和应用云层构成了云计算架构的三个基本层次。

顶层的应用云层是软件服务。软件服务可以部署云应用,通过外部的云平台提供给客户所需要的软件。供应商在自己的服务器上传软件,云计算中心会通过互联网将软件提供给需要的用户,而用户需要支付一定的费用,从而能够节省购买硬件和软件的资金。

平台云层能够为客户提供一个完全托管的服务平台。客户不需要使用资源来开发和推广自己的应用程序,只需要按照相应的规则将程序托管到云服务平台即可。

基础云层是最底层的服务模式。它的特征是将基础设施整合虚拟成一个资源库。它主要由计算机资源、网络资源和存储资源组成,还包括数据资源和应用程序资源。这样的构成模式方便用户根据自己的需要对资源进行监控、分配和利用。出于可靠性安全性考虑以及为用户提供定制化的数据安全和保密要求,我们将服务方式分为公有云、混合云和私有云三类。

公有云顾名思义是指可以为外部用户提供计算服务。它的特点是规模比较大,成本比较低。公有云的安全管理和日常管理是由公有云的提供商来完成的,用户的数据安全系数不高。

私有云是私有化的云计算环境。它是由企业在内部独立构建的,特征是可以对数据安全性提供最有效的管控。私有云是一个密闭的环境,他的内部会员有权访问所有资源,而外部成员不能进入。私有云通过建立数据中心的防火墙来确保自己的数据安全,并由企业人员或者服务外包的模式来对私有云进行管理。

混合云是一种混合模式,是由两个及两个以上的私有云和公有云相互组合而形成的云计算模式。在这种模式下,公有云不存储核心数据,私有云负责存储核心数据和运行中心程序。公有云和私有云形成相互协作的协同模式,以提高效率。

(三)云计算关键技术

1. 虚拟化技术

虚拟化技术是云计算的关键技术之一。虚拟化技术的目的是创建相关的虚拟产品,是一个在虚拟资源上运行的过程。虚拟化技术不仅仅是虚拟机,还包括多种抽象的资源数据计算。

2. 快速部署

快速部署作为云计算数据中心的一个重要特征和基本功能，面临着越来越高的要求。第一，云管理程序必须在任何时段满足用户的任何要求和应用程序的数据需求。第二，不同层次的云计算部署模型相对于环境服务来说存在差异化。在数据部署过程中软件系统结构不尽相同，要求部署程序必须要适应部署数据的变化。

并行部署和协同部署技术在云计算环境中同时部署多个虚拟机。并行部署技术不同于传统的顺序部署，可以在不同物理机器上执行多个任务，成倍地减少部署所需要的时间，但网络带宽的限制会对文件存储服务器的部署产生影响。协同部署技术能够将物理机的虚拟影响传输至网络，改变了服务器和部署对象间传输的模式，大大提高了部署速度。

3. 资源调度

资源调度是一种资源分配的过程。它是云计算对大数据的调拨和使用。在资源调度过程中，用户对应相应的计算任务。每一个计算任务存在于相应的操作系统中。实现资源调度计算任务一般有两种方式：一是直接在计算机上分配它的计算任务；二是直接将任务分配给其他机器。

云计算的关键环节是资源的调度。云计算通过大量的计算实现对数据库中所有资源的调度和分配。这种调度和分配可以有效地利用数据资源，充分发挥异构资源的优势。还可以更好地提高系统的容错性，提升服务质量。

（四）云计算技术的特征

1. 资源池

计算资源汇聚在一起，通过多租户模式服务多个消费者，在物理上，资源以分布式的共享方式存在，但最终在逻辑上以单一整体的形式呈现给用户。

2. 按需自定义

用户可以根据自身实际需求，通过网络方便地进行计算能力的申请、配置和调用，服务商可以及时进行资源的分配和回收。

3. 快速弹性

服务商的计算能力能够快速而弹性地实现供应。服务商可以根据访问用户的多少，增减相应的IT资源（包括CPU、存储、带宽和软件应用等），使得IT资源的规模可以动态调整，满足应用和用户规模变化的需要。

4. 广泛的网络访问

使用者不需要部署相关的复杂软硬件基础设施和应用软件，直接通过互联网或企业内部网即可获取云中的计算资源。

二、云计算技术在智慧校园中的作用

（一）使用便捷，利于交互

云服务最大的优势就是简单易用。无须搭建复杂的环境或安装巨型软件，就可以将自己的项目放在云端来运行，或者在线办公。教师可在课前将预习任务和材料上传至云平台，学生可随时随地通过自己的移动终端获取预习材料进行预习。与此同时，学生学习的时长、内容、正误率等信息可被教师及时获取。

（二）对软硬件设施要求低，降低成本

学校现有的数字化教育资源共享建设中的成本主要来源于初期服务器、终端及网络接入等设备的购置。日常系统运营及维护和设备更新等费用。如果将院校数字化教育资源共享建设建立在云计算和服务的基础之上，可以将繁重的共享平台建设、服务器的配备、数字化教育资源的存储与管理等工作交给云服务提供商，不需要大规模的硬件投入，甚至是零投入。另外，云计算对用户端的设备要求很低，只要拥有可以上网的终端设备、一个浏览器，将终端设备接入互联网即可实现想做的任何事情，客户终端几乎不需要任何升级。

（三）促进实现精准教学

授课过程中学生通过移动终端与教师进行互动，学生在测试过程中每道题的计算时长、正误率等信息也会及时反馈至教师终端，教师能够准确掌握

学生的学习情况并进行精准辅导。另一方面，通过云计算，对学生学习与生活等各方面信息进行收集、整理、分析，了解其生活与学习背景、学习风格、兴趣爱好等，并有针对性地提供个性化的资源与服务。

（四）保障数据安全

智慧校园内要达到高效互联、物联，其涉及的数据十分庞大。这个由大量结构化、非结构化、半结构化数据有机构成的系统，一旦某一环节出现问题，其维护工作将十分复杂且缓慢，这对于智慧校园软硬件设施及网络维护人员来说也是巨大的挑战。基于云服务，学校不需要花费大量的人力、物力、时间对软硬件及网络系统进行维护，云中数据安全可靠，不用再担心硬盘损坏、病毒入侵等多种因素导致的数据丢失等麻烦。

三、云计算技术的教育应用

相比物联网技术，云计算技术在教育中的应用更为普及和成熟。云计算技术在教育领域的发展已经从原来的理论步入了实践。国内已有许多企业推出了教育云解决方案，如华为 eSpace 教育云解决方案、腾讯通用云教育方案等。

目前，我国云计算技术在教育体系中的应用主要集中在教育资源（硬件、平台、软件、学习资源）的共享上，这可以有效解决我国教育信息化推进过程中长期存在的重复投资、信息孤岛等"顽疾"。

此外，云计算系统可用于大规模的客户机需要安装大量常用软件的场景，非常适合用于校园网环境中构建全局计算环境。云计算系统可充分激发现有设施的潜能，满足师生在教学科研中的实际需求，大大提升校园网的应用和管理水平。

（一）构建网络学习环境，提高学习效率

云计算技术允许人们随时随地从任意终端访问信息及其他服务，增强了网络学习的灵活性和敏捷性，能够实现学习资源和学习工具"按需而用、即需即用、快速聚合"的目标，降低 Web 学习资源与服务的获取成本与难度，

创建灵活敏捷的学习方式,从而提高学习生产力,最终改善学习效果。

在云课堂中,教师无须通过 QQ 文件或 U 盘拷贝向学生传递学习资源,学生可以随时随地学习相应的教学课件、获取教学资源、扩展资源并记录笔记。在学习的过程中可通过讨论区发帖与同学和教师进行讨论或问题求解,通过聊天功能可以实现即时聊天。教师通过平台向学生发布作业和测试,学生在线查看和提交作业、进行测试,并获得教师的反馈。

在课堂上,教师可通过平台向学生发布课堂测试,学生在线回答问题,其数据会即时反馈到教师的终端。通过学生回答问题的数据,教师可及时准确地了解各个学生对知识的掌握情况并及时调整课程进程。

学生在使用云课堂的同时,平台会记录学生各项操作行为信息,包括学习进程与时长、参加讨论频率与时长、测试与作业完成的时长与准确率等,教师基于一系列数据对学习者进行精准分析并在课后给出个性化的作业及测试,这一系列数据也将会成为教师考核学生的重要参考。

(二) 建设校园网教育信息系统

各大高校在日常办公、教学和科研方面的硬件设施投入都是一笔巨大的开支,软硬件不断更新升级,由此带来的高昂成本阻碍了很多高校的发展。由于云计算对终端计算机本身的要求并不高,并且将设备更新换代的任务交给服务的提供者、数据中心的建立者或者相关服务的提供商,因此学校可以通过云计算服务来完成教育机构的数据中心、网络中心的相关任务,并可通过云计算提供的 IT 基础架构,节约成本,不用再投资购买昂贵的硬件设备,也不用负担频繁的维护与升级操作费用。

(三) 建立校园云计算安全平台

云计算给校园提供了最可靠、最安全的数据存储中心,学校不用再担心数据丢失、病毒入侵等麻烦。云计算严格的权限管理策略可以帮助学校保证数据共享的安全性;同时,数据的集中存储更容易实现安全监测,学校可将信息存储在一个或者若干个数据中心,对应的管理者可以统一管理数据,负责资源的分配、负载的均衡、软件的部署和安全的控制。

（四）数据共享

在云计算的网络应用模式中，数据只有一份，保存在"云"的另一端，用户的所有电子设备只需要连接至校园网，就可以同时访问和使用同一份数据，从而实现数据更深层次的共建共享。共同应用云计算的扩展性非常强，各院系可以将现有的硬件资源共同加入一个云中来减少各个院系在资金和时间方面的投入，并实现真正意义上的资源共享。

校园云计算建设有助于学校提升校园管理水平和公共服务水平，可以有效提高教育、科研的水平和质量，创造一个更加和谐的校园环境。

第四节　虚拟技术

一、虚拟技术及其特征

（一）什么是虚拟技术

计算机图形学、计算机仿真技术、人机接口技术、多媒体技术以及传感技术为虚拟技术奠定了技术基础。虚拟技术的研究是一个交叉学科，虽然早在 20 世纪 60 年代人类就开始了相关研究，但直到 20 世纪 90 年代初，虚拟技术才真正作为一门较完整的科学体系出现。简单地说，虚拟技术就是通过对现有的 CPU、硬盘空间、内存空间等计算机资源进行组合或分区，形成一个或多个优于原有资源配置的操作环境，所提供的一种新的访问方式的技术。在教育领域中，虚拟技术提到比较多的有虚拟仿真与虚拟现实。

1. 虚拟仿真

虚拟仿真是将仿真技术与虚拟现实技术相结合，在多媒体技术、仿真技术与网络通信技术等信息技术的基础上，用一个系统模仿另一个真实系统的技术，是一种可创建和体验虚拟世界的计算机系统的高级仿真技术。

2. 虚拟现实

虚拟现实简称 VR，是指通过多媒体技术与仿真技术结合而生成逼真的视、听、触觉一体化的虚拟环境，使用户与虚拟环境中的客体交互作用，从而产生身临其境的感受和体验。[①]

（二）虚拟技术的内涵与特征

虚拟技术的内涵，我们可以分为三点来理解：一是为使用者的视觉、听觉、触觉多种感官带来刺激，刺激的由来是使用各类信息技术开发的虚拟世界；二是利用这种多感官刺激让使用者有真实的沉浸感；三是人们能用动作和言语与虚拟环境中的对象交流。由此，我们可知虚拟技术主要有三个特征，即沉浸性、交互性和构想性。

1. 沉浸性

沉浸性是从用户的角度来说的，其置身于计算机技术所营造的虚拟场景，用户的听觉、视觉甚至包括触觉、力觉等多种感知与真实环境隔离，虚拟场景应该能够提供全部人类具备的感知能力，使用户完全置身其中。

2. 交互性

交互性是从人与机器的交流角度来说的，使用者与虚拟场景之间可以像在现实世界中一样，通过鼠标、传感器等输入设备与场景中的各类物体发生相互作用。

3. 构想性

构想性是指它能使用户在虚拟场景中感知新的知识和体验新的发现。使用者通过沉浸性和交互性，对场景中的物体或者知识体系产生新的体验与发现，从而得到感性和理性的认知。它是基于沉浸性和交互性的一种高级表现。

二、虚拟技术在智慧校园中的应用

虚拟技术能通过实物虚化、虚物实化等技术手段形象生动地表现教学内

---

① 张力：《应用虚拟现实技术提高网络教学质量的研究》，载《电化教育研究》，2003年第6期，第56—60页。

容，有效地营造一个跟随技术发展的教学环境，提高学生掌握知识、技能的效率。优化教学过程，提高教学质量，调动学生的学习积极性，突破教学的重点、难点。在教学实践中，虚拟技术主要有以下四个方面的积极作用。

（一）激发学习兴趣

相对于传统教育中知识的扁平性，虚拟现实教育的呈现更立体。将虚拟技术引入教学，在实现人与机器的交流、人与人交流的同时，让学习变得游戏化、情境化，真正做到寓教于乐，促进交流、知识表达及应用。

（二）增强学习体验

虚拟技术可创设逼真的场景，提供动态的高交互设置，学习者在其中显示出较高的学习动机和参与度。除问题解决外，学习者在虚拟现实中学习，往往伴随着角色扮演。学习者被赋予明确的角色，尤其是青少年学习者常习惯于这种自我表征方式，且会通过角色表达所思、所想、所感。更重要的是，这种学习体验会激发学习者的创造力和想象力。

（三）拓展学习的多维空间

虚拟技术彻底打破时间与空间的限制，消除时间与空间造成的认知阻断。大到宇宙天体，小至原子粒子，学生都可通过虚拟现实进行观察。一些需要很长时间才能观察清楚的变化过程，通过虚拟技术可以在很短的时间内呈现给学生。通过虚拟技术，以往只能通过书本了解到的知识如今可以给人直观展示，带给学习者沉浸式体验。利用虚拟技术建立起来的虚拟实训基地中的虚拟设备和部件可根据需求随时更换，教学内容也可以不断更新，使实践训练与时俱进。

（四）提供更安全的学习环境

虚拟技术可模拟某些真实情境，在安全的前提下让学生学会应对某些现实场景中不可预知的危险。在虚拟实验室，学生可以用虚拟实验器材进行实验，避免危险化学品可能引发的安全问题。另外，利用虚拟技术，可以解决学校普遍存在的实验设备不足、型号落后、教学经费场地缺乏、难以跟上科技发展速度等方面的不足，使学生足不出户便可以在安全的虚拟环境里做各种各样的实验，获得与真实实验一样的体会，加深对教学内容的理解。

三、虚拟技术的教育应用

虚拟技术的发展在带来技术进步的同时，也为教育领域的发展提供了强大助力。虚拟技术为校园带来了越来越多先进的教学手段，一方面为校园带来了教学水平和质量的提高，另一方面让教育信息化进程紧跟时代发展的步伐，与科技进步齐头并进。随着虚拟技术在教育领域应用的不断深入，仿真实训系统、仿真实训资源、职业体验馆、数字博物馆、数字艺术馆、数字科技馆、虚拟校园服务等新兴应用正如雨后春笋般走进了我们的校园。

（一）思政 VR 实践教学中心

从传统的"听讲"课堂，到多媒体可视化设备进入课堂，再到虚拟仿真教学设备和资源的应用，越来越先进的科学技术被应用到教师的授课中，丰富了学生的学习体验并提高了其学习兴趣。思政 VR 实践教学中心是一种以思政数字化教学资源、VR 教学资源为教学内容载体的专用多媒体教学环境。该教学环境主体上可以由思政教育 VR 体验馆、思政教学 VR 教室两部分构成，通过集中运用数字化思政资源、VR 虚拟思政资源等信息化成果，使得教材及教辅内容变得鲜活、可体验和可虚拟参与，能够有效促进课堂教学效果的提升，实现传统思政课教学模式与方法的创新，并可以进一步向思政虚拟互动实践场景等领域探索与发展。

（二）虚拟校园漫游系统

基于三维建模的虚拟校园系统是运用虚拟现实技术、Web3D 技术和数据库技术，对学校的建筑物数据、校园网络结构、属性数据和其他数据进行处理，建立基于网络的、可交互操作的三维数字化虚拟校园信息查询系统，实现视图操作（平移、旋转、渲染、光照、雾化、视点变换）、三维漫游（绕点漫游、沿路径漫游、自由漫游）及漫游控制等功能。

用户可以在系统中通过行走、鸟瞰以及选择不同的摄像机视图来多视角观看校园景观，以达到全方位认识校园的目的。数字化三维虚拟校园对于建设和谐校园、校园庆典、校容校貌的展示等具有非常重要的作用，必将成为校园信息化建设的重要组成部分。

第五节 大数据技术

一、大数据技术定义、特征及结构类型

（一）大数据定义及特征

大数据本身是一个比较抽象的概念，单从字面来看，它表示数据规模的庞大。但是，仅仅数量上的庞大显然无法看出大数据这一概念和以往的"海量数据""超大规模数据"等概念之间有何区别。

对于大数据尚未有一个公认的定义，不同的定义基本是从大数据的特征出发，通过这些特征的阐述和归纳试图给出其定义。在这些定义中，比较有代表性的是3V定义，即认为大数据需满足3个特点：规模性、多样性和高速性。除此之外，国际数据公司认为大数据应当具有价值性。维基百科对大数据的定义为：大数据是指利用常用软件工具捕获、管理和处理数据所耗时间超过可容忍时间的数据集。

相比于传统的数据库应用，大数据分析具有数据量大、查询分析复杂等特点。大数据的四个"V"是指大数据有四个层面特点。

规模性：数据体量巨大，从 TB 级别跃升到 PB 级别。

多样性：数据类型繁多，如网络日志、视频、图片、音源、文档、地理位置信息，等等。

高速性：处理速度快，极短的时间可从各种类型的数据中快速获得具有较高价值的信息，这一点也是和传统的数据挖掘技术有着本质的不同。

价值性：只要合理利用数据并对其进行正确、准确地分析，将会带来很高的价值回报。

（二）大数据结构类型及技术

当今企业存储的数据不仅仅是内容多，结构也发生了极大改变，不再仅

仅是以二维表的规范结构存储。大量的数据来自非结构化的数据类型，如办公文档、文本、图片、XML、HTML、各类报表、音频和视频等。

并且，这些数据比起结构化数据数量巨大且增长迅速。大数据结构类型有以下几个。

结构化数据：包括预定义的数据类型、格式和结构的数据。例如，关系型数据库中的数据。

半结构化数据：具有可识别的模式并可解析的文本数据文件。如，自描述和具有定义模式的 XML 数据文件。

准结构化数据：具有不规则数据格式的文本数据，使用工具可以使之格式化。例如，包含不一致数值和格式化的网站点击数据。

非结构化数据：没有固定结构的数据，字段长度可变，并且，每个字段的记录又可以由可重复或不可重复的子字段构成的数据库，用它不仅可以处理结构化数据（如数字、符号等信息），而且更适合处理非结构化数据（全文文本、图像、声音、影视、超媒体等信息）。

大数据本身是一个现象而不是一种技术，伴随着大数据的采集、传输、处理和应用的相关技术就是大数据处理技术，是一系列使用非传统的工具来对大量的结构化、半结构化和非结构化数据进行处理，从而获得分析和预测结果的一系列数据处理技术，或简称大数据技术。

1. 大数据采集技术

大数据采集技术是指通过 RFID 射频数据、传感器数据、社交网络交互数据及移动互联网数据等方式获得的各种类型的结构化、半结构化（或称之为弱结构化）及非结构化的海量数据，是大数据知识服务模型的根本。大数据采集一般分为大数据智能感知层：主要包括数据传感体系、网络通信体系、传感适配体系、智能识别体系及软硬件资源接入系统，实现对结构化、半结构化、非结构化的海量数据的智能化识别、定位、跟踪、接入、传输、信号转换、监控、初步处理和管理等。

2. 大数据预处理技术

主要完成对已接收数据的抽取、清洗等操作。

（1）抽取

因获取的数据可能具有多种结构和类型，数据抽取过程可以将各种类型复杂的数据转化为单一的或者便于处理的构型，以达到快速分析处理的目的。

（2）清洗

所有的大数据，并不全是有价值的，有些数据与用户关心的内容无关，而另一些数据则是完全错误的干扰项，因此要对数据过滤和去噪，从而提取出有效数据。

3. 大数据存储及管理技术

大数据存储与管理要用存储器把采集到的数据存储起来，建立相应的数据库，并进行管理和调用。重点解决复杂结构化、半结构化和非结构化大数据管理与处理技术。主要解决大数据的可存储、可表示、可处理、可靠性及有效传输等几个关键问题。开发可靠的分布式文件系统（DFS）、能效优化的存储、计算融入存储、大数据的去冗余及高效低成本的大数据存储技术；突破分布式非关系型大数据管理与处理技术，异构数据的数据融合技术，数据组织技术，研究大数据建模技术；突破大数据索引技术；突破大数据移动、备份、复制等技术；开发大数据可视化技术。开发新型数据库技术，数据库分为关系型数据库、非关系型数据库以及数据库缓存系统。其中，非关系型数据库主要指的是 NoSQL 数据库，分为：键值数据库、列存数据库、图存数据库以及文档数据库等类型。关系型数据库包含了传统关系数据库系统以及 NewSQL 数据库。开发大数据安全技术，改进数据销毁、透明加解密、分布式访问控制、数据审计等技术；突破隐私保护和推理控制、数据真伪识别和取证、数据持有完整性验证等技术。

4. 大数据分析及挖掘技术

（1）可视化分析

数据可视化无论对于普通用户或是数据分析专家，都是最基本的功能。

数据图像化可以让数据自己说话，让用户直观地感受到结果。

（2）数据挖掘算法

数据挖掘就是从大量的、不完全的、有噪声的、模糊的、随机的实际应用数据中，提取隐含在其中的、人们事先不知道的但又是潜在有用的信息和知识的过程。数据挖掘涉及的技术方法很多，有多种分类法。根据挖掘任务可分为：分类或预测模型发现，数据总结、聚类、关联规则发现，序列模式发现，依赖关系或依赖模型发现，异常和趋势发现，等等。根据挖掘对象可分为：关系数据库、面向对象数据库、空间数据库、时态数据库、文本数据源、多媒体数据库、异质数据库、遗产数据库以及环球网 WEB。根据挖掘方法可粗分为：机器学习方法、统计方法、神经网络方法和数据库方法。机器学习中可细分为：归纳学习方法（决策树、规则归纳等）、基于范例学习、遗传算法；统计方法中可细分为：回归分析（多元回归、自回归等）、判别分析（贝叶斯判别、费歇尔判别、非参数判别等）、聚类分析（系统聚类、动态聚类等）、探索性分析（主元分析法、相关分析法等）；神经网络方法中可细分为：前向神经网络（BP 算法等）、自组织神经网络（自组织特征映射、竞争学习等）。数据库方法主要是多维数据分析或 OLAP 方法，另外还有面向属性的归纳方法。

（3）语义引擎

语义引擎需要有足够的人工智能以从数据中主动地提取信息。语言处理技术包括：机器翻译、情感分析、舆情分析、智能输入、问答系统，等等。

（4）数据质量和数据管理

数据质量与管理是管理的最佳实践，通过标准化流程和机器对数据进行处理可以确保获得一个预设质量的分析结果。

5. 大数据展现与应用技术

大数据技术能够将隐藏于海量数据中的信息和知识挖掘出来，为人类的社会经济活动提供依据，从而提高各个领域的运行效率，大大提高整个社会经济的集约化程度。在我国，大数据将重点应用于以下三大领域：商业智能、政府决策、公共服务。例如：商业智能技术，政府决策技术，电信数据信息处理与挖掘技术，电网数据信息处理与挖掘技术，气象信息分析技术，环境监测技术，警务云应用系统（道路监控、视频监控、网络监控、智能交通、反电信诈骗、指挥调度等公安信息系统），大规模基因序列分析比对技术，WEB信息挖掘技术，多媒体数据并行化处理技术，影视制作渲染技术，其他各种行业的云计算和海量数据处理应用技术等。

二、大数据技术在智慧校园发展中的应用

智慧校园建设涵盖教学环境、教学资源、校园管理、校园服务、信息安全体系等各个方面，每一层面都涉及数据统计和分析，因此推进大数据技术在智慧校园建设中的深度应用是相当必要的。借助大数据储存量大、信息量多、处理速度高等优势，可以为智慧校园建设中各项自动化工作提供支持，为学校未来的发展决策提供科学依据。

（一）构建公共数据集成与共享平台，提高校内信息传递速度

大数据技术能够将学校管理和发展中涉及的各项数据进行深度挖掘并加以处理，同时在云计算技术的帮助下，将收集到的信息和分析结果共享给全校师生。通过构建集成公共数据共享平台，可以加快校内信息传递速度，促进各部门之间的沟通交流，有利于打破高校内部信息孤岛格局，增强全校人员建设智慧校园的参与积极性，有助于更好地实现高校可持续发展目标。此外，大数据技术在高校科研管理方面也起到了相当大的作用。借助信息共享平台，科研部门可以及时获得相关资源和相关信息，可以分享最新研究成果，促进学术交流。

（二）构建智能化提醒平台，适时对学生进行提醒

智能提醒是指利用云计算与大数据技术，对学生在学校中的学习情况和生活状况等各相关信息进行收集和分析，通过智能平台及时向学生发出提醒。目前智能提醒平台设置有成绩管控提醒、实习就业提醒以及学风智能提醒，通过对学生各项考试成绩、出勤率等进行统计分析并适时加以提醒，可以有效地提高学校的管理水平和服务质量。

（三）创设智能学习环境，改进课堂教学方式

运用大数据和云计算技术开发出的网络教学平台，为各学科提供了优质的教学资源，丰富了教学内容，改进了传统教学模式。学生可以通过电子设备随时随地查看教学内容，可以自主选择感兴趣的知识，有问题时可以通过在线反馈获取帮助。云课堂中，老师采取随测随交的方式对学生进行随堂测试，能够使学生用心听课。大数据技术的迅猛发展促进了教学理念和教学方式的信息化转变，使学习环境更加人性化、智能化，使课堂氛围更加活跃，极大地提升了教学成果。

（四）采集、分析、处理海量数据，为校管理提供决策支持

通过大数据、云计算等技术对学校财务信息进行采集分析，可以清晰展现各项收入、支出情况，为学校财务决策提供数据支持；通过对学生学习成绩、就业方向和实习情况进行分析，可以了解人才市场需求，使学校能够及时加强学科专业建设、优化课程内容，增加学生专业能力，提高就业竞争力；通过大数据技术对历年招生情况进行分析研究，可以制定合理的招生计划，统计教职员工数量及比例情况，可以优化师资结构。

在智慧校园建设中，运用大数据等新型技术搭建信息共享平台，可以使校管理层实时了解学校发展状况，可以使老师及时发现教学问题，可以使学生提高自主学习能力。随着信息技术的持续发展，智慧校园建设在学校管理中所占的比重也会越来越大，我们应不断提升大数据技术在智慧校园中的运用水平，使其更好地服务于现代化教育改革。

第六节　人工智能技术

一、人工智能技术及其特征

（一）人工智能技术简介

人工智能技术简称 AI 技术，于 1956 年由麦卡西（人工智能之父）提

出。人工智能技术是混合了计算机、控制理论、信息传播学、神经学、心理学、哲学、语言文字学等很多种理论的一种边缘性学科。但是对于人工智能技术的准确定义至今还没有一个在全球范围内都认可的统一描述。通常认为，人工智能是一种通过机器体现人类智慧的行为。

从当前的发展形势来看，一般将人工智能技术分为两大类：弱人工智能技术和强人工智能技术。其中弱人工智能技术是一种被动的技术。一般是指给机器一种事先设计好的固定程序或指令，机器只能对一定的外部刺激做出固定的相关反应，没有思考、发展和改变的能力。

而强人工智能技术则会产生自我意识，并且这种自我意识会随着外界的刺激或环境的变化而改变，甚至给出相应的判断。通常强人工智能技术又分为两种。其一是模仿人类的人工智能技术。顾名思义，这种类型的机器有着和人类极为相似的思考方式和推理模式；其二是非人类的人类人工智能技术。这类机器本身拥有知觉和自我意识，同时也具有自身的推断能力和思维模式。

当前，由弱人工智能技术转向强人工智能技术已非难事。但是如何全方位的评估人工智能技术，如何利用好人工智能技术使之为我们服务，怎样处理人工智能技术给我们带来的各种问题。这也许才是接下来人类在人工智能技术领域需要解决的难题。

（二）人工智能技术的内涵与特征

1. 进行智能信息检索

人工智能可以将信息检索工作智能化。利用人工智能信息检索系统的技术特点，既可以减少人工检索带来的失误，也可以大大提高检索工作效率，使信息获取工作实现精准化、细致化，让原本很难完成的工作在人工智能技术的帮助下得以完成。

2. 处理复杂数据

人们普遍认为人工智能是能够模拟人脑思维活动的一种智能手段，人工智能设备不仅具有强大的记忆能力，还有超强的逻辑分析能力，能够自行处理许多复杂数据的问题。人工智能和人脑一样具有复杂的神经网络结构，一旦遇到棘手的问题，它们就会利用强大的记忆力，对问题进行逻辑推理和智能化分析，快速得到解决问题的方法。目前，人工智能相较于人类本身的思维能力还是略逊一筹的，但人工智能拥有人类无法比拟的强大记忆力和复杂数据的处理能力。著名的谷歌 AlphaGo 以 4∶1 战胜韩国棋王李世石，机器人凭借其无比强大的记忆力对人类已出现过的所有方法进行记忆，进而与人类对战，即使人类思维能力更强，但人工智能设备巨大的数据记忆量和处理复杂数据的能力还是让它在与人类特定环境的比拼中占据了上风。人工智能设备在不断储存知识的同时运用其对复杂数据进行分析和推理证明的能力，帮助人类处理这些大数据，不仅减轻了人类的工作负担，更是让人类处理数据的能力范畴达到了空前的高度。

3. 识别各种模式

自然语言的识别、图像与图形的识别、文字与声音的识别、人脸识别、指纹识别等人工智能识别技术越来越多地出现在人们的视野里，这些功能为人类生活带来了各种各样的便利。现如今，人们越来越多的交流沟通借助网络或电子设备来完成，这就需要通过人工智能将网络或者电子设备上的各种信息进行识别，然后将识别后的信息告诉用户，用户才能进行正常的沟通与交流。一些生活中常见的社交软件都会设有语音识别功能，人们网络交流的手段已经不再局限于文字表达，还可以采用更方便的语音识别功能。这个语音识别功能就得益于人工智能识别技术。人工智能识别技术的应用给人们的生活、工作带来的便利还有很多，这也让我们对人工智能的发展有了更多的期待。

能称之为"人工智能"的系统应该具有三个方面的特征：从数据或经验中学习的能力、运用知识的能力、处理不确定性的能力。

学习能力：系统需要具备从数据中或过去的经验中学习的能力，这通常需要运用机器学习算法。更进一步，如果系统具备从环境交互中学习，在与用户交互过程中动态学习，具备一个不断进化和进步的学习能力，那么就可能具备更高的智能水平。同时，学习过程应该融入尽可能多的知识类信息，方能达到支持智能系统的要求。

知识运用能力：知识是智能体现的一个最重要的维度。听说看能力如果不考虑内容的深度，则仅仅是停留在感知智能的层面，只能与环境交互和获取环境的信息，其智能表现的空间就非常有限。只有基于知识的智能系统才能够从根本上趋近人类的逻辑推理等深层次的智慧表现。知识可以归纳为关于客观事物的规律、经验、规则，或者各种常识的描述。人工智能系统应该能够很好地存储、表示与运用知识，并基于知识进行归纳推理。只有将知识与数据融合，逻辑与统计结合，才能够催生真正拥有认知智能能力的智能系统。

不确定性处理能力：在现实生活中，任何事情的确定性是相对的，不确定性是绝对的。因此，人工智能系统还应该具有很强的不确定性处理的能力，应该能很好地处理数据中的不确定性（噪声、数据属性缺失等）、模型决策的不确定性（决策结果的置信度等），甚至模型内部参数的不确定性。例如，无人驾驶系统就需要处理各种各样的不确定性，如环境的不确定性、决策的不确定性；阿尔法围棋系统采用强化学习，以概率方式探索不同的落子方法。

二、人工智能技术在智慧校园中的作用

人工智能技术在校园中的有效运用，对学生、教师以及校园整体的发展产生了质的影响，实现了智慧校园、平安校园以及校园多种智能化服务，为师生带来了诸多的便利和安全。此外，人工智能对于弥补当前教育存在的种种缺陷和不足，推动教育发展改革和教学现代化进程起着越来越重要的作用。人工智能对教育的影响主要概况为：提高教育信息素养、提高教与学的思维能力、提高教学的质量和效率以及提高教学的个性化和交互性等。

（一）提高教育信息素养

人工智能教育让我们能够提高信息获取、加工、管理、呈现与交流等能

力,进而提升对信息及信息活动的过程、方法、结果的分析能力。人工智能将知识转化成计算机可以识别的信息进行储存并生成"信息库",然后模拟"人类智能"形成"计算机智能",利用"计算机智能"对"信息库"进行快速、精确、自动、科学的处理。人工智能本质就是对"知识信息"的智能化处理,对知识信息进行形式化的表示、自动化的推理,实现智能化的教学或创造。

(二)提高教与学的思维能力

利用人工智能技术进行教学,一方面可以让学生体验、认识人工智能知识与技术,另一方面可以加深学生对解决非结构化、半结构化问题的理解能力,进而培养学生多角度思维的能力。学生通过了解处理复杂问题的思路和方法从而得到自身思维能力的提升。

(三)提高教学的质量和效率

教育中的人工智能应用可以有效提升教学的质量,有别于传统讲述的教学方式,人工智能可以对学习者需求进行智能分析,向学习者展示大量图文并茂的信息和数据,甚至可以向学习者模拟数据变化的过程和预期的结果,让学习者能够更容易地理解和掌握所学的每一个知识。另外,教育中的人工智能应用还可以提高教学效率。计算机运用人工智能技术可以自动帮助教师完成一些常规性的教学基本工作,让教师把更多的精力关注于教与学的过程和行为方式,通过减少教师的工作量提高教学效率。

(四)提高教学的个性化和交互性

智能代理和智能教学系统的应用,为教学过程的个性化、交互性奠定了技术基础。智能代理技术可以根据需要主动、快速地从网络信息中找寻并收集各种所需信息,有助于解决信息检索精确度要求较低的大范围检索问题。人工智能在教与学的过程中发挥着重要作用,教师通过人工智能技术能够做到因材施教和更高效地进行教学,学生则通过人工智能技术很方便地获取有效知识。传统教学通常是教师一对多的教学模式,全面的个性化和交互性基本无法实现,而人工智能高效精准的特性为个性化和交互性贯穿于整个教学过程奠定了技术基础。

三、人工智能技术的教育应用

伴随着人工智能的发展，智能机器人在教育领域大放异彩。从只具有一般编程能力和操作功能到更加"人性化"，智能机器人在教育领域中的应用为减轻教师负担，替代教师日常工作中重复的、单调的、程序化的工作，缓解教师各项工作的压力等问题提供了可能性。

在当前的学校教育中，大班化教学仍是主流，教师往往要同时顾及几十个学生，每天花费大量的时间在备课、批改作业上，往往下班之后还要继续工作，也不能及时关注每一位学生的心理情绪变化。大班化的原因主要是学生人数较多，而学校设施配置、教师人员配置跟不上，从而导致教师工作压力大，没有时间和精力为所有学生制定个性化教学方案。人工智能的出现为解决规模化学习环境中减轻教师工作负担提供了新思路。

（一）学习智能机器人

智能机器人的数据库有知识库和交互数据。知识库中有着多门学科的知识，知识库存储的知识可以分为三类：学科知识、学习资源和关系知识。智能机器人能够根据知识库中的数据对作业进行批阅，以保证批阅的准确性。交互数据则储存了给学生批阅作业时的行为数据，收集了学生与智能机器人进行交互的数据，并且通过对这些交互数据的分析，实现了对学生的认知诊断。

智能机器人的主要功能有两个：智能批阅和个性化作业。智能批阅是根据知识库中的知识以及知识之间的相互关系对作业进行智能化的批阅，不仅能够批阅客观题，也能够批阅主观题。个性化作业是基于交互数据对学生的认知诊断结果，结合知识库中的知识，智能地为学生定制作业，包括对基础知识的复习、对重难点知识的练习以及对有所欠缺知识模块的巩固复习。

智能机器人能在一定程度上解放教师，替代教师日常工作中重复的、单调的、程序化的工作，缓解教师的压力，使得教师能够处理以前无法处理的复杂事项。智能机器人的批阅过程不受时间、环境等随机因素影响，避免了教师批阅可能产生随机错误的可能性，能记录每个学生的知识掌握情况，为学生提供以前无法提供的个性化、精准的服务。智能机器人使得教师传授知识的效率大幅度提升，有更多的时间与精力去关注每个学生身心的全面发展。但智能机器人目前只能进行简单的批阅与出题，主观题的批阅准确度还有待改进，而且可以处理的数据目前仅针对学生的日常作业，不能全面分析学生的学习情况，距离能够帮助教师教学、教研还有一定的差距。

（二）智能安防系统

《国家中长期改革和发展规划纲要（2010—2020年）》指出，要"切实维护教育系统和谐稳定，深入开展平安校园、文明校园、绿色校园、和谐校园创建活动，为师生创造安定有序、和谐融洽、充满活力的工作学习环境"。在国家对校园安全如此重视的背景下，如何提供安全的校内外环境、防范犯罪事件发生和健全安全管理制度关系到整个学校的发展。因此，基于摄像头和保安人员巡护的传统校园安防已不能满足如今的需要，而人工智能技术在校园中的应用为解决校园安防中存在的难题提供了可能。

智能安防能提供智能化、定制化等监控管理功能，实时监控整个学校的安全情况，对人和车辆自动识别并且进行定位跟踪，智能推送最佳路线，合理规划安排停车位，最大限度保卫校园安全。

该智能安防系统包括人脸识别门禁系统、车辆出入识别系统、GPS定位跟踪系统、智能停车系统等子系统。

基于人工智能的智能安防系统能够对来访人和车辆自动识别，既提高了进出校园的效率又增强了安全性，对人和车辆的GPS定位跟踪使得系统可以一直跟踪定位外来访客及车辆，或是嫌疑人员，以防造成校园意外事故；能够根据预约信息智能安排停车位，并对违停车辆实行黑名单制，被加入黑名单的车辆将被车辆出入识别系统拒绝进入；能够严格监控进入校园的人以及车辆的行踪，并随时定位。智能安防系统的使用将大大缩减人及车辆入校的时间，还让校园安全程度有增无减，不仅排除安保人员玩忽职守的可能，也减轻安保人员的工作负担，使安保人员有更多的精力应对突发事件，将发生意外的可能性降到最低。

第四章　智慧校园的建设规划

第一节　智慧校园的战略规划

一、智慧校园战略规划研制原则和理念

智慧校园战略规划研制原则是智慧校园战略规划研制过程中应遵守的准则，对智慧校园战略规划研制起着规范和指导的作用。在智慧校园战略规划研制过程中，应该遵守全面性原则、系统性原则、开放性原则、适用性原则、最优化原则、全员参与原则、适时修改原则、经济效益原则和智慧性原则。尤其是智慧性原则最能体现智慧校园与数字校园的区别，也是提高校园智慧性的重要保障。

智慧校园战略规划研制理念是在智慧校园战略规划研制过程中的指导思想。在智慧校园战略规划研制过程中，应该秉持顶层设计、以人为本、实事求是、统筹兼顾的理念。

二、智慧校园战略规划的构成要素

教育信息化战略规划是教育信息化政策的重要组成部分，是一种特殊的教育信息化政策。教育信息化战略规划不是孤立存在的，而是与教育信息化的各种政策相互依存。国家、省市、区县和学校教育信息化战略规划，逐层落实、彼此关联、相互影响。教育信息化战略规划的本质是对教育信息化未

来发展进行全面、系统科学的谋划，以实现本来达不到的战略目标。

教育信息化战略规划是关于教育信息化如何发展的全局性的总体发展计划，其主要内容包括教育信息化发展的战略目标、战略措施及实现战略目标所需要完成的具体战略部署等。智慧校园战略规划既是教育信息化战略规划的重要组成部分，又是智慧教育战略规划的重要组成部分。

智慧校园发展规划与教育信息化发展规划具有很大的相似性，相对来说更具体化和微观化。智慧校园的发展规划一般包含如下五个构成要素：现状分析、指导思想/工作方针、发展目标、重点任务/重大工程、保障措施。无论是高校的智慧校园，还是中小学的智慧校园，其规划设计应包含这五个基本要素。

智慧校园具体的建设内容包含五部分：智慧基础设施、智慧应用系统、智慧教育资源、规章制度和信息化领导力。从具体建设内容看，学校教育信息化发展规划与智慧校园发展规划无本质区别，都属于微观层面的战略规划，面向本校教育信息化或智慧校园未来发展，只不过智慧校园发展规划重在强调建设智慧校园。数字校园和智慧校园的本质区别在于智慧程度的差异，智慧校园建立在数字校园的基础之上，是更高形态的数字校园。

三、智慧校园的战略目标与战略重点

智慧校园的战略目标主要是营造便捷、灵活、泛在的智慧学习环境，为智慧学习、智慧教学、智慧管理、智慧教研、智慧科研、智慧评价、智慧生活、智慧服务等提供优质服务，从而提升学习、教学、管理和服务的智慧化水平，有利于"让每个孩子都有出彩的机会"，有利于培养21世纪所需的大批智慧型、创新型人才。

一个高水平的智慧校园，应该能够支持学习方式变革、教学方式变革和管理方式变革，促进智慧型、创新型人才培养，促进教育均衡发展，引领教育的创新与变革，从而能够重塑学校业务流程，形成创新的文化，助力实现中国教育强国梦。智慧校园将为创新型人才培养提供学习、研究和创造的智

慧环境，促进"学—研—创"人才培养。智慧校园是智慧教育的重要组成部分，是继数字校园之后的校园建设的新趋势，是由数字校园重视物的建设向人的创新能力培养方面的重大转移，支持教育由培养知识人转向培养智慧人、培养创新创造之人。

不同类型的智慧校园战略规划关注的战略重点不同。智慧校园战略规划可以细分为国家、省市、区县和学校智慧校园战略规划。不同层面的智慧校园战略规划的主导者不同，国家、省市、区县智慧校园战略规划的主导者分别是教育部、教育厅、教育局，学校智慧校园战略规划的主导者是学校。教育主管部门主导的智慧校园战略规划更宏观，学校主导的智慧校园战略规划更微观、更具体、更具有可操作性。前者多是在政策、经费、信息化人才培训等方面给予支持，引导和激励学校建设智慧校园，战略重点关注公共智慧基础设施、智慧教育资源、智慧应用系统、智慧校园管理和评估等，促进区域优质智慧资源共享与深层次应用，其根本目的是促进所管辖学校的智慧校园的建设和发展。后者是智慧校园的建设主体，战略重点关注智慧基础设施、智慧教育资源、智慧应用系统、智慧校园应用、智慧管理、智慧教研、智慧科研、智慧评价、智慧生活、智慧服务等方面。

建设智慧校园并非是全部推翻原有的数字校园，而是在数字校园的基础上提升智慧化水平、丰富智慧内涵。当前，数字校园建设已经有很多成功的案例，积累了很多值得借鉴的经验和教训，智慧校园建设尚处于研究和探索阶段。数字校园和智慧校园各有优缺点：数字校园的建设理念和技术较为成熟，成功的案例较多，经费投入相对较少；智慧校园的建设理念和技术有待深入研究，现有的智慧校园智慧化程度不够高，缺乏成功的典型案例，经费投入较多。校园的发展经历了从传统校园到数字校园，再到智慧校园，但数字校园并不是不可逾越的阶段，无论当前学校教育信息化处于什么样的水平，教育主管部门和学校都可以充分发挥"后发优势"，高起点研制智慧校园战略规划，高标准定位智慧校园，高质量推进智慧校园。

四、智慧校园建设规划方案

信息化建设对于一个学校而言，应该具有中长期战略规划和短期建设规划。中长期战略规划的作用在于响应国家相关部委，尤其是教育部等部门对教育信息化工作的中长期规划和要求，为学校信息化工作制定中长期建设发展战略目标、原则及指导思想，与学校中长期发展相配合、相呼应，是信息化领导机构的智慧结晶，使信息化建设的执行机构和人员及信息化系统的运维人员对未来的发展方向有具体的了解；短期建设规划则是为了分解中长期建设战略规划，对本年度或者未来 2 至 3 年内信息化建设的具体建设内容和工作的重点及具体方面做出详细安排，使信息化建设执行机构和人员、信息化运维人员对未来 2 至 3 年的工作内容详细了解。从程序上，基于"项目规划"（当前财政预算管理要求以项目形式对年度开支进行预算）的短期规划的确定应该经过申报立项、方案设计、方案论证等几个阶段。

智慧校园建设申报立项是指在学校信息化建设领导小组的领导下，信息化建设主管机构审时度势，对智慧校园建设框架性总体设想提出建议文件，是对当前校园信息化建设不足提出改造的建议。其目的是作为学校领导或上级主管部门审批的依据，为下一步进行可行性研究提供依据。方案设计包括需求分析（利益相关者分析）、功能分析、原型设计等。设计者根据需求分析结果，运用自己掌握的知识和经验（智慧校园理论指导、功能、设计方法、设计原则等），选择合理的技术方案，以满足用户需求目标导向。方案设计初稿出来之后，还要邀请用户、技术专家、相关企业等反复进行多轮次方案论证，最终形成可行性研究报告。

智慧校园建设经过立项、方案设计、论证之后确定可行，即进入规划实行阶段，也即进入智慧校园的建设阶段。智慧校园在教育信息化建设的框架之内，其建设周期不应太长，尽管其智慧表现之一是对未来应用的开放和兼容。智慧校园的建设规划及建设周期也不应太短，因为充分的调研和讨论涉及面很广，需要数轮的多部门协调、调研和讨论，是一个花费时间和精力的过程，如果没有成熟的现成方案，其调研和讨论需要较长时间，一般应在 3 个月到半年之间。一旦形成规划方案，机构和人员配置到位，执行力就发挥作用，进入建设期。建设期太长或太短都不利于智慧校园的建设。如果是对原有数字校园或校园网和应用系统的整合改造，则时间不会太久；如果是新建智慧校园，则周期相对较长。

建设规划方案应在充分调查、了解现状、需求及利益相关者分析的基础上，形成文件型可行性方案。完整的建设规划方案，主要应包括建设组织机构及职责、建设模式、遵循标准、建设内容、建设目标、建设阶段、技术方案等。

（一）建设组织机构及职责

组织机构包括领导机构和执行机构、相应的工作制度及人员岗位职责、任务分解等，其作用是让参加建设的校内人员、校内师生等所有校内人员和中标企业明确智慧校园建设的领导者和执行者及组成人员的相应分工，明确各岗位的责任，加强进度推进和验收监督，协调推进中的各种问题，确保智慧校园建设顺利进行。

（二）建设模式

1. 智慧校园的四类建设模式

（1）自主开发模式

这种建设模式通常由学校的主管部门负责。根据需求调研分析，合理规划整体的建设方案，依据方案完善网络基础设施、开发各类应用软件及信息服务平台，最后整合院校的各类数据库及信息资源。

（2）外包模式

也就是通常所说的供应商提供模式。学校投入相应的资金、提出建设目标及实施要求，之后由提供专业服务的系统集成商全面实施。他们深入院校调查分析，提供一揽子规划方案，并负责建设智慧校园的所有子项目，包括网络基础设施、各类应用管理系统、数据库、信息资源的收集整合等，项目完成后由校方整体验收，在合同规定的时间内集成商提供各类培训、技术支持等工作。

(3) 合作开发模式

由于智慧校园基础条件不一，需要企业提供的合作范围、合作深度、合作方式也不尽相同。该模式下，院校先做好整体规划，根据现状提出建设需求，之后选择一家具有丰富经验的企业实施项目。与前者不同的是，这种模式下学校是整体方案设计商，企业只是根据需求提供某一部分的服务。这种模式对某一家企业的依赖程度较小，操作灵活。

(4) 租赁模式

即 ASP（Application Service Provider，应用服务提供商，是指通过互联网为商业或个人提供配置、租赁和管理应用解决方案服务的专业化服务公司）模式。学校每年交付租金，由应用服务提供商出租各类软、硬件，并负责系统的维护升级工作；若不需要服务，可随时终止付费。几年前，一些建设经费有限的院校采用这种方式。

2. 四种建设模式的优缺点比较

(1) 自主开发模式的优缺点

该模式的优点是：能充分挖掘利用现有的软、硬件基础，升级改造及维护工作相对容易。院校能够锻炼和培养一批优秀的信息化人才。研发过程中不断和职能部门沟通，所以编制的软件能够更好地服务于日常教学及管理工作。

该模式的缺点在于：智慧校园是一个复杂的系统工程，技术门槛过高，实现起来难度很大。建设过程往往会"重硬轻软"，即注重硬件设备的购置，忽视软件的开发应用；重视技术实现与功能，但网络服务跟不上，导致软、硬件资源不能得到有效应用。项目实施周期长。由于项目涉及学校多个部门，加上认识不统一，配合程度不同、经费、建设经验等因素，需要分阶段对项目进行规划实施；项目之初不能提前预见所有问题，而执行过程中旧问题的解决又会带来新问题出现，最终导致建设周期拉长，甚至项目半途而废。

(2) 外包模式的优缺点

该模式显著优点在于：第一，项目周期短。"术业有专攻"，专业智慧校园供应商的技术实力强，他们一般都有多个院校的运营经验，大多都能在合同规定的时间内交付项目。第二,售后服务有保障。企业提供的是整体化解决方案,有严格的质量保证体系,在售后服务、问题响应、培训等方面都相对规范。第三,技术先进。其解决方案能够适时追随最新的IT动向,并配套学校教学及管理部门的需求,由最专业的人员在极短时间内更新软硬件平台,所以,项目质量及升级都有保障。

缺点有:第一,资源建设缺失。人们经常把信息化建设比喻成"修路、造车、运货","路"即快速安全的网络环境,"车"指便捷实用的管理系统,"货"指资源建设及各类应用。如今,不少高等院校虽然加大了资金投入,但仍普遍存在"有路没车、有车缺货"的现象。资源建设问题越发突出,但数字资源开发并非幻灯片和书本搬家,更不是企业优秀的研发人员能够企及的。他们不仅需要熟悉掌握开发工具,还要具备多媒体制作的技术,更需要懂得很多专业课程的教学要求、教学重点。这种开发人员目前在学校比较少,在教育软件公司也比较匮乏,一家供应商往往不可能提供令人满意的数字资源。第二,建设成的项目与应用脱节。企业以营利为目标,系统集成商要为一个院校提供定制化解决方案,需要少则十多个月、多则几年的时间,承接项目和集成商要完成从网络基础设施、各类应用系统几十个子项目。单就各部门的管理系统,一方面是要梳理业务流程,另一方面要梳理出部门间的业务关系,这需要企业和校方共同的努力。外包模式常常会遇到的问题是:企业不太理解学校的实际情况,虽然系统的技术及功能比较完善,却不能满足学校教学与管理的实际情况,造成项目与应用脱节而被闲置。

(3) 合作开发模式的优缺点

合作开发模式的优点:第一,集合了自主开发和外包模式的优点,既能避免建设与应用脱节,又能广泛吸取提供商的成功经验,充分调动教学、科研、管理、服务等部门进行全方位研发,满足学院总体规划的要求。第二,实施风险相对较小。学校可以根据自身的建设能力,将数字校园化分成若干个子项目,每一个子项目都可以选择一家该领域最佳的合作伙伴,与多家企业展开不同范围、不同深度的合作,院校自身还可以参与到网络基础设施、系统开发与调研的具体工作中。和外包模式相比,该模式将"鸡蛋放到了多个篮子",项目风险相对较小。

该模式的缺点在于:第一,沟通程度直接影响项目的最终成果。校企双方在合作时,必须做到深度协调、高度一致,否则可能对同一问题解读不同,产生不同甚至相反的观点,影响项目进展。第二,往往需要增加建设经费投入。其一,需要针对教学管理应用的特点,经常对解决方案进行修订;其二,各部门的业务流程也会发生变化;其三,根据摩尔定律,IT产品及技术更新速度极快(如Windows操作系统的升级换代)。这几方面因素导致解决方案也需要不断调整,所以建设经费及投入不断增加。

(4) 租赁模式的优缺点

该模式适用于规模小、资金匮乏的学校,其优点在于:第一,省力省时,学校不必在这方面投入时间和精力。第二,投入经费少,院校只需按期交纳租金即可,自身不需要建设网络设施及各类应用系统,所以能够减少大笔投资。

该模式的缺点也非常明显:第一,信息化建设很难取得长足发展,因为所有服务都由企业提供,院校的信息化建设直接受服务提供商的制约,在智慧校园建设大潮中只能被动接受服务,从长远来看,信息化缺乏"后劲"。第二,个性化不足。服务提供商的解决方案是服务于各个院校的,所以管理系统不可能为一个院校定制化开发,项目缺乏个性化的管理理念,建设与应用脱节的情况会更加明显。

(三) 遵循标准

遵循标准是指智慧校园要遵循的技术和管理等方面的标准,如关于基础网络综合布线标准有国际通用标准 ANSI/TIA/EIA-568-A(商业建筑物通用布线标准)、国家标准 GB/T 50311—2000(建筑与建筑群综合布线系统工程设计规范)、数据中心标准 GB 50174—2008(电子信息系统机房设计标准)、教育部发布的行业标准《教育管理信息教育管理基础代码》等7个教育信息化行业标准。

早期校园信息化建设的代表性工程项目如校园网或数字校园/数字化校园建设项目，并没有独立的可遵循的标准，或者说相关部门并没有专门针对校园网或数字校园即校园信息化建设出台相关标准（和法律法规）。校园信息化建设所引用和遵循的标准基本是其他行业或非教育部门制定、具有通用属性的标准或规范。由于校园信息化建设及应用在早期尚不够深入，在某些方面应用这些标准或规范是可以的，反过来看，这也正是早期的校园信息化建设项目不规范的原因之一。因此，《教育信息化十年发展规划（2011—2020年）》提出，要加强教育信息化标准规范的制定和应用推广。2012年3月15日，教育部发布了与教育管理信息有关的《教育管理基础代码》《教育管理基础信息》《教育行政管理信息》《普通中小学校管理信息》《中职学校管理信息》《高等学校管理信息》和《教育统计信息》共7个教育信息化行业标准。智慧校园刚出生不久，是一个新生事物，为新生事物制定标准或规范意义重大，新标准的制定是多方参与，共同完成，以保证利益相关者都能贡献力量，获得最大利益。在此之前，可以暂时遵循或引用已有的相关标准或规范。

（四）建设内容

智慧校园建设是一项系统工程，工程的实施要在完整规划的基础上按时间段逐一完成相关部分的建设。智慧校园的建设内容分为技术性和非技术性两部分，非技术性是指组织机构、人员配备、制度建设、文档管理等。

（五）建设目标

《教育信息化十年发展规划（2011—2020)》提出了教育信息化的发展目标，这一目标涵盖了学校信息化的发展目标，也即学校信息化发展目标要与此相适应。具体到智慧校园的建设目标或发展目标，就是智慧校园建设要达成的效果，即建成智慧校园环境，实现智慧教学、实现协同办公和基于大数据的决策系统。

（六）建设阶段

由于智慧校园建设的超前性、系统性、协同性、智慧性、长期性，无论是在原有基础上的改造，还是新建，都需要很好地组织，会经历一个较长的周期。因此，一般情况下智慧校园的建设同其他信息化建设项目有所区别，要进行阶段性建设规划，这样才能更好地完成智慧校园的建设。以三年期为例，一般会规划第一年、第二年、第三年分别建设什么内容，不同年份为不同的建设阶段，或者称为建设时期。越详细的建设阶段描述，越有利于建设执行人员对智慧校园建设整体进度的把握，越有利于对其阶段效果的评估。

（七）技术方案

智慧校园的建设内容分为不同的方面，这些不同内容具有不同的技术特征，遵循不同的技术标准或者同一个内容，可以选择采用不同的技术手段，有多种实施方案或途径，如基础网络综合布线同服务器选型差别较大，基础接入网络可以选择 ATM 或者以太网，或者 GPON。整体的技术方案就是要为建设内容和建设目标选择能够协同并且能够实现的技术类型和技术手段，及其步骤乃至实现途径。

第二节 智慧校园的功能分析

智慧校园功能主要包括智慧教学、智慧学习、智慧管理和智慧生活服务。

一、智慧教学

（一）优化学习环境，培养学生的信息素养

现代社会是信息社会，信息社会对社会成员的基本要求，即教育要面向未来，面向现代化，要求在教育实施中对师生进行信息素养的培养。信息类工具的熟练使用是个人融入社会、正常生活的前提。

美国高等教育图书研究协会在召开的美国图书协会仲冬会议上审议并通过了"美国高等教育信息素养能力标准"。该标准分为三个板块：标准、执行指标和效果。有五大标准：具有信息素养能力的学生能决定所需要的信息种类和程度；具有信息素养能力的学生能有效而又高效地获取所需信息；具有信息素养能力的学生能评价信息及其来源，并能把所遴选出的信息与原有的

知识背景和评价系统结合起来；具有信息素养能力的学生无论是个体还是团体的一员，能有效地利用信息达到某一特定的目的；具有信息素养能力的学生懂得有关信息技术的使用所产生的经济、法律和社会问题，并能在获取和使用信息中遵守公告法律。在此标准参照下，我国高校学生的信息素养不容乐观。

智慧校园的建设扩展和深化了教育信息化的内涵，它应当具有提升师生信息化素养的功能，也能够具有这个功能。第一，智慧校园既然是教育信息化的内涵深化，就要在一定程度上超越其技术属性，以用户为中心，让师生的信息素养有很大的进步；第二，相比于早期的校园网和数字校园，智慧校园提供了一个完整的虚拟空间，要在完全数据化的物理空间更好地学习生活，必须对虚拟空间的相关知识熟练地掌握；第三，智慧校园的"智慧"成为校园文化，能让师生更便捷、更容易、更全面地在无意识中对信息技术保持较高的兴趣，并获得所需的信息技术，最终转化为一项对信息技术的本能反应。

（二）智慧教学管理

教学管理是学校管理的中心，主要内容包括教学组织和教务行政等。教学管理的信息化是教育信息化的一部分，相应地也经历了计算机化（单机）、网络化的快速发展阶段，教学管理系统的功能模块越来越多、越来越智能，给教学管理带来了极大的便利，并有效促进了教学改革、改善了教学效果。

然而数字校园时代对数据的利用还存在一些问题：没有认识到数据作为基础资源的重要地位及其在教学管理方面的重要性，导致信息化应用还处于较低层次，大数据背景下，对哪些数据可以应用到教学管理没有相关的调查分析；教学过程拥有来源广泛的数据，缺少从数据中发现价值的能力。教学管理系统能采集到哪些数据、怎么采集那些数据、怎么分析使用数据、如何将数据分析的结果用于预测与决策以促进信息技术与教育教学的深度融合，这是一个广泛存在亟待解决的大问题。[①] 智慧校园中的智慧教学管理平台以

---

① 于长虹、王运武：《大数据背景下数字校园建设的目标、内容与策略》，载《中国电化教育》，2013 年第 10 期，第 30—35 页、第 41 页。

其对数据的重视从大数据中发现价值,发挥智慧校园的教学功能。

(三) 教学资源智慧生成、存储和传播

信息化教学资源是指支持教和学活动的学习材料、学习工具和交流工具等资源,是经过数字化处理或者经过再加工和制作的、可以在多媒体计算机与网络环境下运行的、能够展现相关知识节点内容的教学材料。

信息化教学资源包括:电子课件或课程、教师课堂录像、数据化图书、教学网站及其他能用于教学或学习的网络资源。信息化教学资源对于信息化环境中的教学,培养学生发现问题、解决问题的能力,对于充分利用时间进行泛在学习,全面掌握所学内容,培养学生的创造性等都发挥着积极作用。然而,早先的信息化教学资源缺乏系统性和整体规划、信息资源分散、资源标准不统一、制作不规范、重复建设较多、利用率较低、与学校需求脱节;或随着时间的推移,信息化教学资源所承载的知识内容变得陈旧过时,或者知识内容的表现形式或载体的媒介类型逐渐陈旧过时而不再被人们应用于教与学活动,教学资源开始"老化",人们在教或学活动中,越来越少使用它。但智慧校园中的教学资源因为经过智慧性设计和总体规划,充分考虑教学过程和教学资源与信息技术尤其是新技术的深度融合,在统一标准和统一规范下制作生成,具有自动生成的智慧性,又能自动消亡或更新,因此能够克服这些问题。

(四) 个性化教学

个性化教学就是尊重学生个性的教学,必须根据每个学生的个性、兴趣、特长、需要进行施教,学生进行一定程度的自主性学习。个性化教学是指教师以个性化的教学手段,满足学生个性化的学,并促进个体人格健康发展的教学活动,强调教师个性化的教和学生个性化的学。[①] 个性化教学的目的是提高教学质量,培养全面发展的学生,提高教育效果。早在春秋时期,孔子就提出"有教无类""因材施教""不愤不启,不悱不发",掌握时机,

---

① 李如密、刘玉静:《个性化教学的内涵及其特征》,载《教育理论与实践》,2001年第9期,第37—40页。

对不同的学生采取不同的方法启发诱导。

实践中，素质教育日益推进，个性化教学是我国教育的长期追求。但是，在教育的现代化推进中，规模与效率难以平衡，生多师少、教室受限、硬件受限等原因导致个性化教学难以实现。培养的学生没有个性特点、缺少创新精神，等等。这已成为我国教育饱受诟病的重要原因之一。信息时代为个性化教学提供了可能：计算机和通信技术的广泛使用，改变了教学内容的呈现方式和教学资源的获取方式；互联网的快速发展拓展了师生、生生的交流渠道和信息获取渠道。教育信息化早期的个性化教学得以发展不足为怪，然而只有到了大数据时代，个性化教学才有可能真正实现。

智慧校园的个性化教学具备了关注并记录学生的个体差异及丰富其个性体验的技术基础，完全能够做到个性化教学。

二、智慧学习

智慧学习称为"学习的新革命"。相较传统的学习而言，智慧学习是从传统学习到"智慧＋"的过程。它包括内部自我知识的识别定位，外部核心问题的识别定位，内外互动产生知识优化、进化，最后才是解决问题和收集意见反馈并进行改进。在此过程中，人的知识水平呈螺旋式上升，同时问题得到持续优化解决。智慧学习与传统学习不同，它是基于信息化、全球化和协同创新与知识融合的全新学习方法。

（一）自学为主，指导为辅

学习者学习应该以自学为主，教师指导为辅。学习者必须有很强的自学能力，自学能力是获取知识的基础能力。教师在某一方面的研究可能会很深，可以给研究生全面、深刻的指导，但是没有万能的教师，其不可能熟悉所有的研究领域。这就需要学习者自己去研究、去探索。要想在某一方面有所创新，甚至超过教师的思维，必须有很强的自学能力，借此能力去获取教师和别人未涉猎的知识。

(二) 跨文化、跨学科多角度学习

不同学历层次的学习者，其学习能力、学习方式、学习内容等存在较大差异。在"大众创新，万众创业"的背景下，学习应该是创新性的学习，主要从学习中能够发现问题、解决问题。学习不是被动地接受外界知识，而是有辨别地接受外界知识，能够辨别知识的真伪并能创造、产生自己的知识。学习者需要学会跨文化、跨学科多角度学习。要想全面、深刻地认识某一问题，必须跨文化、跨学科多角度学习，只有建立在全面、深刻认识的基础之上，才可以谈创新的问题。比如"信息"这一事物，不同文化背景、不同学科背景的人对它下了足足有一百个定义，假若你要想理解什么是信息，必须跨文化、跨学科地对信息的内涵进行探索。跨文化、跨学科多角度学习，可以让学习者顿开茅塞，发现解决问题的方法。

(三) 关注本领域前沿研究

学习的最终目的是创新创造。这就决定了学习需要本领域的理论研究前沿和实践研究前沿，以求解决迫切需要研究的问题。紧跟世界本领域的前沿研究内容的同时，必须注意培养自己宽厚的理论基础和技术基础，没有基础根基，就无从谈及本领域的前沿问题研究。

(四) 努力培养宏观思维、逻辑思维和创新思维

21世纪的人才应该是创新型人才，必须有宏观思维、逻辑思维和创新思维的能力。所谓宏观思维，是指分析某一问题时可以站在宏观的角度全面、深刻地看问题，避免短浅的目光影响对事物的认识。所谓逻辑思维，是指解决某一问题时有很强的逻辑分析能力，认识事物时符合认识事物的客观规律。所谓创新思维，简单地说是指分析某一问题时，能够看到别人看不到的问题，提出别人提不出的见解。

(五) 敢于、勇于挑战权威

每个人都有认识能力和思维能力的限度，看问题时难免受当时的历史背景和科技发展水平的限制，提出的见解并不见得是一成不变、完全正确。学习者不能"迷信"本领域权威，要敢于、勇于挑战权威。只有这样才有可能

突破前辈的思维，提出新的更深刻的见解。一般说来后人与前人相比，占有的资料更充分，思维更活跃，接受新事物的能力更强。人们一开始对问题的见解并不是那么深刻、正确，随着人们认识的深入，各个学科的知识都在不断地完善和发展。

（六）追其根源，打破砂锅问到底

学习过程中可以获得各种各样的学习资源，这些学习资源经过了多次加工和整理，每次加工和整理都会有或多或少的信息损耗。从信息传播的角度看，信息的每一次传播都会有信息的损耗或信息内容的扭曲，这样不利于我们理解信息的内容，甚至会曲解信息的内容。为了准确地理解学习资源，需要学习者具有追其根源，打破砂锅问到底的精神和毅力。

（七）有选择地学习，有所学有所不学

智慧时代的知识浩如烟海，任何一个人都不可能学完所有的知识，即使本学科领域的知识也无法完全涉猎。面对这个问题，需要学会有选择地学习，做到有所学有所不学。每个人都有研究的领域或内容，以及关注的研究领域或内容。对于自己研究的领域或内容要深入地研究学习，对于关注的研究领域或内容做到了解即可。假设你从事教育相关问题的研究，对于教育这一范围内的问题都应该有所了解；除此之外还应了解社会学、心理学、思维科学等领域的相关内容。进一步说，假设你研究的是高等教育方面的教育资源，对于高等教育的教育资源的相关问题要做到了如指掌，除此之外还应熟悉资源科学的相关知识。高等教育资源属于资源科学的下属研究内容。只有这样做，你才可以在知识的大海中做到游刃有余，更好地进行科学研究。

三、智慧管理

学校管理是学校管理者通过合理的组织形式和运行方式，充分发挥学校人、财、物、时诸因素的最佳功能，以实现学校教育目标的活动。当前，信息化成为教育事业发展的战略选择，教育信息化已经到了深度应用与融合阶段。智慧校园的智慧管理功能主要体现在用信息化工具即信息技术主要是新技术优化学校资源配置，提高学校行政和组织效率，对教育教学进行预测和规划，促进管理方法的科学化和管理模式的优化与转变，进而形成新的管理模型，提高学校的管理水平。学校管理工作的水平，关系着学校的教育质量和发展前景，信息化时代则取决于学校的信息化管理模型能否建立和有效利用。

（一）数据管理

大数据时代，数据成为基础性资源，校园内产生的数据可称为大数据，其种类繁多、数据量大、非结构化。数字校园时期，各应用系统主要由校内各部门自己建立、管理，信息孤岛现象比较普遍，统一规划的智慧校园通过统一数据交换平台解决了这个问题。统一数据交换旨在打破校内信息孤岛，规范数据的描述和存储，减少数据的冗余和不一致性，改变原始的数据传递的交换流程和方式，提高数据的准确性，提高工作效率。

智慧校园的数据包括：人事信息数据，如教职工信息，所有部门和教学院系从人员入校开始就统一使用其身份、职称、工龄、科研、政治面貌等数据，并随时更改人员变动信息；学籍数据，如在其整个生命周期即从入学到毕业，各部门使用同一身份、成绩、健康状况等数据，及时变更变化信息；国资等设备、物质数据，统一使用二维码或者射频标签，既方便信息录入，又方便管理查询；教务数据，如班级、教室安排、课表、考评、考试成绩等；组织机构和制度数据，如机构及其职责、规章制度及其发布和适用范围等；金融数据，如学生消费时间、消费内容、消费地点，物资采购价格，人员工资，奖助学金，投入与支出财务数据等。除此之外，统一数据交换平台具有灵活的兼容性和接口，方便数据类别更改添加。

在系统组成上，统一数据交换平台由中央数据库系统、元数据管理、数据交换引擎、数据标准、数据安全等组件组成，通过定向开发或者连接教务、人事、科研、学生管理、财务、一卡通、统一门户、OA、图书馆、Mail系统、国资、医疗等的数据库，为其提供统一的数据，实现基础数据在全校的共享。统一数据交换的功能即提供基础数据服务、实现数据统一管理。

对于教育统计年鉴的数据，随时可以汇总统计分析，实现大数据深入分析挖掘。

（二）业务处理

数字校园时代，校园业务处理部分通过办公自动化（OA）实现，然而OA只能处理简单的行政公文，各管理单位职责内的人财物管理业务没有统一的定义，各自管理本部门的信息管理系统。

智慧校园业务处理主要通过协同办公系统和基于大数据的决策系统实现。协同办公系统是基于学校组织机构的管理信息系统的智慧融合，统一的校园教务、学生、人事、财务、国资、后勤、科研等管理数据，极大提高了管理层的运行效率，实现流程审批、协同工作、公文管理、文档管理、信息定向发布、会议管理、关联人员、系统集成、门户定制、通讯录、工作便签、问卷调查等。

基于大数据的决策系统主要为校园决策层服务：洞察和预测教育教学的发展方向及校园人财物等资源配置，决策办学方向。通过无处不在的计算和传感器，大数据能够解析存在于现实校园、虚拟校园及虚实融合校园的复杂网络关系，并适时做出判断和决策。这种决策模式遵循数据转变为信息、信息转变为知识、知识涌现出智慧的流程。因此，智慧校园可以说是一个非线性的、去中心化的、自下而上的、发现群体智慧的管理模式。

智慧管理功能涵盖人、财、物，如行政机构和人员、流程管理、教学资源和教务行政、科研数据生成、科研项目管理、智慧图书馆、智慧教室、校园安防、校园节能等。智慧校园管理要充分发挥信息化最新思维即互联网思维的优势；更好地协作，使所有人员有机会了解校园管理每一个具体细节并能发挥相应的作用，对行为结果进行预测，从而进行科学决策。需要注意的是，智慧校园的智慧管理功能，并不是要全面"接管"校园，而是为管理提供更科学的手段、更高效的流程。

四、智慧生活服务

生活服务功能是智慧校园教育教学、管理功能之外的另一个重要功能。校园生活服务包括校园内的食、住、行、用等，智慧校园的这一功能主要通过掌上校园和一卡通系统来实现。

（一）信息获取

随着无线通信技术的发展，移动互联网和智能终端逐步普及。掌上校园是利用移动互联网和智能终端，提供校园信息查阅、业务办理、交流沟通等应用服务的APP，由移动管理平台和客户端两部分组成。掌上校园不仅仅是把PC上的应用在智能终端上实现，更是为了方便师生的校内外生活，提升用户体验。

通过移动管理平台对数据的集成、应用的管理和用户的权限设置，用户通过账户登录可以自定义自己的快捷应用，不同角色的用户能够访问权限内的应用，系统自动推送重要的通知及各应用系统的提示信息。

教师可以查看考勤信息、奖惩信息、考评信息、工资、个人报账信息、日程安排、邮件提醒、学籍信息、财务信息、健康情况，进行公文处理、移动OA办公等。

学生可以通过在线咨询功能进行提问，与老师进行互动；查询校园卡余额、消费明细、在线挂失，查询宿舍、水电费缴纳情况、卫生检查结果等；查询自己的学分、课程表、成绩、考试安排、论文、辅修课程、空闲教室，进行教学评估等；可以进行移动学习：学生可以方便地下载到学校发布的各种教学资源，访问智慧图书馆学术资源数据库，真正做到移动学习。

掌上校园基于移动互联网，充分利用了智慧校园的基础网络和应用资源，实现智慧校园生活服务和移动学习无缝覆盖功能。

（二）校园消费

校园消费通过校园一卡通，即在校园内，凡有现金或需要识别身份的场合均采用一卡来完成，"一卡在手，走遍校园"，实现用校园卡代替就餐卡、借书证、上机证、学生证、考试证、工作证、出入证等各种卡证，达到一卡多用的目的。通过与市内公交公司的合作，可以实现校园卡校外刷卡乘车；通过和第三方支付比如支付宝、微信等合作，可以实现校园卡充值、校外消费的功能。校园一卡通既实现了对师生员工日常活动的管理，又为教学、科研和后勤服务等提供了重要信息，同时又是智慧校园中信息采集的基础系统之一，对学校的管理和决策支持具有重大意义。

（三）校内泛在导航

地理信息系统通过使用地理信息综合管理应用平台，可以实现智慧校园GIS校内导航功能。GIS服务是大型空间数据库管理平台，存储空间地图数据及业务系统相关的专业空间数据，实现空间数据的共享和统一管理，并对相关数据进行综合展现。

业务系统可以通过统一的GIS接口调用GIS地图服务，访问GIS地图数据，其主要功能是三维虚拟校园展示，支持新生和校外来访人员的引导，如校内地图、建筑物和教室介绍及路径与空闲时间查询、校园信息发布等。可以支持PC端、手机端和固定位置触摸屏展示。

第三节　智慧校园的设计方法和原则

一、智慧校园的设计方法

智慧性设计模型构建是目前设计中采用较多的方法，即在智慧服务理念的指导下，充分了解校园环境的外在表现和内在功用，形成物理的和虚拟的现实校园的逻辑结构，采用适当的技术并充分发挥技术的功能，形成智慧校园的逻辑结构。已有的智慧校园的设计方案多基于物联网或者云计算技术，采用分层的思想构建模型。

教育信息化发展到智慧校园阶段，分层设计思想得以延续。智慧校园中的数据和"信息流动"，即数据及其逻辑流向。泛在用户（办公室、教室、机房等处，智能终端）、视频监控数据、感应设备智能感应数据、用户消费等行为数据通过信道和应用平台或接口同数据库进行互动，对数据的分析通过相关应用进行，分析结果可视化呈现给用户。在结果到达用户之前，数据要经过一系列协议和标准的转换，其采集、传输、存储、分析、呈现是一个复杂的过程。这个过程是智慧校园建设过程中的技术和管理人员所要面对和处理的，对用户来说是透明的。用户需要的只是信息和数据分析之后的结果。因此，智慧校园的智慧性设计应该有明确的原则。

二、智慧校园的设计原则

以技术和管理为中心，不自觉地表现出信息化管理人员的自我中心主义。虽然技术是因为人的需求而诞生的，本身即有以人为本的因素，设计时也是面向服务的，同时这种设计思路对信息化实施者自己的管理和维护也是有利的，但却忽视了智慧校园建设的最终目的，是为了给广大师生提供一个安全、便捷、智慧的生活、学习和工作环境，是为了利用信息技术促进教育教学效果的提升，最终是为了人的发展，即学生和老师的素质和综合能力的提高——即从设计规划开始，一切以有利于技术实施和工程建设及后期管理的方便或者有利为前提，在方便施工与管理的前提下，实施相应的应用与服务。实质上，这脱离了教育的最终目的，不符合教育现代化语境下的教育理念，也表明智慧校园的智慧性设计需要理论层面的探究，需要教育学、设计学、教育信息化等理论的指导。若在智慧校园的建设中依然采用这种参考模型，则可能会引起一些误导。

因此，智慧校园智慧性设计的原则应当是，在教育目的和现代化教育理念即相关理论的指引下，以人为本、教与学为中心，优先应用和服务提供，在满足用户需求的前提下综合考虑技术和管理方案，以润物细无声的境界将信息技术融入教学当中，构建稳定、灵活、便捷、安全、科学、广泛参与的智慧校园模型。

第四节 智慧校园的组织机构和制度建设

一、智慧校园组织机构

信息技术的快速发展和信息化优势的迅速确立,给各个国家带来了巨大的冲击和机遇。自20世纪80年代初开始,我国信息技术的发展开始纳入国家层面的信息化管理体制机制。在不同时期分别成立了计算机与大规模集成电路领导小组、国务院信息化工作领导小组、国家信息化工作领导小组、国家信息化专家咨询委员会等,国家层面的信息化推进工作由信息化领导小组领导,具体工作由信息化工作办公室和国家信息化专家咨询委员会推进、执行,地方政府在此基础上成立了相应的领导和执行机构。

在学校层面,确立信息化发展的战略,建立适应发展又相对稳定的信息化管理体制,强化信息化的领导力,是信息化优化发展的重要前提,是智慧校园建设优质推进、优化管理的前提。教育信息化发展到今天,各学校尤其是高校基本成立了学校信息化工作领导小组,并设办公室,组长一般是校长或主管信息化工作的副校长,办公室主任一般由信息中心(或教育技术中心或网络中心,各校实际情况不完全相同)正职领导担任,组员则根据实际情况由信息中心、人事、教务、科处、财处等相关部门兼职工作人员组成,具体工作的协调、执行则由信息中心完成。

智慧校园组织机构分为决策、管理,以及建设、应用与运维三层机构。智慧校园决策机构负责学校智慧校园的规划与设计,对智慧校园基础设施、智慧应用系统、智慧数字化资源、智慧校园应用、智慧校园管理、智慧校园运维及安全保障等重大事项进行决策;智慧校园管理机构具体承担学校智慧校园建设标准、规范、管理制度等的制定及安全保障工作,并为建设、应用和维护机构开展日常工作提供指导、培训与咨询;智慧校园建设、应用与运维机构直接面向最终用户,负责智慧校园建设,推进智慧校园应用,以及智慧校园基础设施和应用系统的日常维护与咨询服务工作。

二、智慧校园管理制度

制度建设是管理体制得以落实的重要保障，智慧校园管理制度的设计不但要考虑全面，还要考虑可行性，并且要适应不断变化的信息技术的更新。其原则首先是从观念上重视智慧校园建设及其应用和管理；保证全员参与机制的形成从而让每个利益相关者都能贡献力量；注重智慧校园的应用实效，抓住重点，把握关键，符合现实需要，解决实际问题。简单地说就是要同智慧校园的智慧性设计相结合，具有合理性、科学性、平等性和严肃性。智慧校园相关管理制度如下表所示。

类别	名称
国家和地方有关法律法规、标准	《中华人民共和国计算机信息系统安全保护条例》《国际互联网安全保护管理办法》《国际互联网信息服务管理办法》、地方法律法规
建设与管理总则	建设规划、管理总则、应用系统建设管理制度、信息化绩效评估办法、使用者调查制度
操作规范	设备调试、操作规范、信息发布规范
数据管理	数据采集制度、数据存储备份制度、数据分析使用制度、数据标准、建设与运行文档管理制度
号码资源	认证邮件VPN账户、域名管理、电话
接入管理	无线接入管理、办公教学实验室宿舍接入管理、智慧校园用户守则、用户安全教育和培训制度
信息管理	信息发布制度、二级网站管理制度
设备管理	设备管理制度、路由交换设备管理制度、服务器管理制度、线路管理维护制度
教学资源	教学资源建设规定、教学资源使用规定、教学资源奖励与评价制度
安全管理	基础网络安全、数据安全、服务器安全、数据中心安全管理制度、信息安全、违法案件报告与协查制度、安全事件等级响应制度
工作职责	建设与管理领导小组工作职责、办公室工作职责、专家咨询委员会工作职责、信息化工作各岗位职责、各部门信息化工作要求
运行管理	运行管理制度、故障处理流程、设备与线路检修巡检制度、流量统计分析月报和年报、设备及线路故障应急预案、用户故障报修管理制度、运行评估制度
公共服务，应用系统管理	公共服务管理制度、智慧教学平台、车辆出入管理、能源监管、监控系统、智慧校园智慧管理平台、OA

第五章 智慧校园应用系统建设

第一节 智慧校园基础设施建设

一、智慧大楼

智慧大楼是将多种信息化技术应用于大楼管理和运维中,使大楼内的各种资源相互感知和互联。具有智慧化、集成化、便利化的特征。

智慧大楼运用广泛的感知技术、快速的计算反应能力和无处不在的万物互联,为大楼的参与方提供方案和决策支持,并能够根据数据运算的改变快速、准确地调整方案,为建设项目管理提供不同需求层次的人性化服务。

智慧大楼的集成化体现在两个方面:首先是信息技术的集成。智慧大楼是以 BIM 技术为基础,以传感器为依托,以物联网为载体形成的多主体的集成。其次是项目内部功能的集成,一是设计与施工的一体化,二是建设项目全过程管理一体化。

便利化指智慧大楼能为使用者提供多样化、人性化服务。例如楼宇的自动化系统可以提高建筑物的安全性和便捷性,为人们提供更好的服务。

智慧校园中办公楼、教学楼、图书馆、体育馆等楼宇应该建成智慧大楼。目前,智慧大楼已有一些成功的典型案例。例如,腾讯北京总部大楼在建设过程中,采用了"物联网+施工"的理念,将物联网技术与施工现场管理深度融合,利用互联网的海量数据进行项目精细化和标准化管理,让传统的建筑工地长出"智慧大脑"。采用物联网技术,具有如下两个优势:第一,传感器采集数据真实准确,可以给项目管理提供决策支撑;第二,数据自动采集,最大限度地减少了人的工作量,这对工作面大但人员配置有限的项目来说很重要。项目施工现场依靠"高支模变形监测"和"塔吊运行监控"两项物联网技术,消除了很多安全隐患问题。

  智慧大楼可以广泛部署无线充电设施,使得移动终端充电更方便快捷。无线充电的基本原理有:电磁感应式、磁场共振和无线电波式。无线充电设备具有隐形、设备磨损率低、应用范围广、操作方便等优点;经济成本投入高,维修费用大等缺点,但是将来随着技术的成熟和广泛普及,经费成本将会降低。

  智慧大楼的电、水、空气、温度等可以实现智慧监测和智慧管理。灯光亮度随着自然光强度的变化自动调节,房间内有人时灯光自动亮。智慧大楼可以自动调节温度,自动换风,自动净化空气。通过化学过滤系统,消除二氧化硫、二氧化氮等气态有害物质。

  智慧大楼的楼顶、阳面可以部署太阳能电池板,既可以利用太阳能发电,也可以美化大楼。目前,新型超薄太阳能电池板已经研发成功。这种太阳能电池板可以像纸一样弯曲。新型光伏电池,只有人类头发的五分之一厚,这种光伏电池至纤至薄,轻盈柔韧,身轻如羽,甚至可以放置在泡沫上。这样轻薄的电池可以被放置在任何地方,从智能服装到氦气球等。新型超薄太阳能电池板将会改变能源结构,具有广泛的应用场景。

  在电梯口、楼道等行人多的位置安装发电地砖,将行人踩踏的机械能收集,转化为电能,既可以增加行人的乐趣,又践行着绿色环保的理念。目前,发电地砖已经被应用于一些场所,取得了较好的效益。

二、智慧研创室

  教室是学校的主要学习场所,教室的发展先后经历了"传统教室—多媒体教室到智慧教室—智慧研创室"的变迁。多媒体教室又称为网络教室,智慧教室又称为未来教室。智慧研创室是依托物联网技术、大数据技术、学习分析技术、全息投影技术、3D成像技术等智慧技术，平板电脑、3D投影机、电子白板、3D电视、3D摄像机等智慧终端，以及智慧学习系统、智慧教学系统、智慧管理系统、智慧评价系统、智慧录播系统、智慧教研分析系统等智慧应用系统构建的智慧学习场所。智慧研创室与传统教室、多媒体教室、智慧教室相比，最大的区别是建设理念强调在促进学习的基础上，强化研究和创造知识，促进培养智慧型、创新型人才。

为保证智慧研创室的建设效果，智慧研创室建设应该达到如下基本要求。

第一，执行建筑光学标准的灯光配置，便于摄像机获取色彩正常的影像。灯光配置特殊要求如下：摄像区的照明度控制在750—12500LUX之间。非摄像区的照明度应小于80LUX。为保证产生均匀的照明效果，应考虑用深色窗帘遮挡窗户，光源安放在被照物的前上方45度；为保证摄像机自动彩色均衡器正常工作，教室只能采用一种光源，选用冷光源，比如三基色灯。

第二，按建筑声学标准安置专业的音响系统，便于学生获得清晰、舒适的声音，同时能可靠拾取现场声音。音响配置特殊要求如下：频率特性控制、回声控制、啸叫抑制、噪声控制、音节清晰度、响度级和声场不均匀度。频率和回声控制可通过控制室的调音台，用增设的优质功率放大器，控制高音、中低音。啸叫是设计重点。还要配置专用的啸叫抑制设备，使无线话筒能在教室的所有位置正常使用。噪声控制主要是隔音与吸音效果控制，隔音主要是指选用双层窗户隔离外界噪声，电子设备主要部件安装在控制室，主要避免电感性电气设备噪声；吸音主要指室内应铺地毯，吊天花板，四周墙壁应装有隔音毯并用墙布软包，保证室内噪声小于40dB。音节清晰度要求大于80%，响度级在60—70phon之间，声场不均匀度小于6dB。

第三，装配至少2台全自动摄像机（或广播级专业摄像机），以便获取必要的现场的影像。

第四，配备投影机、液晶电视、电子白板等智慧教学媒体，建设智慧学习系统、智慧教学系统等智慧应用系统，拥有智慧学习资源、智慧教研资源等智慧资源。

第五，配置智慧中控系统，做到远程控制所有设备和应用系统。

智慧研创室的核心是智慧中央控制系统。智慧中央控制系统能够实现教育媒体的远程集中管理，与各种智慧应用系统相互关联，使得学习、教学和管理更加智慧化，协助教师进行无人值守上课、计算机软件分发、操作系统远程启动、网络可视对讲、网络教研、智慧评价等丰富的功能。智慧研创室常见的软件系统有课堂互动系统、双屏教学系统、互动答题与反馈系统、互动展示与考评系统、云资源系统、智慧环境控制系统、电子牌系统等。智慧环境控制系统采用基于用户部署的控制策略，可以智控灯光照度、窗帘，智控防盗，实时监测净化空气。电子牌系统可以动态显示通知、课程信息、光照、温度、湿度等智控监测信息。

智慧中央控制系统主要控制设备有：手机、平板电脑、无线射频触摸屏、MP5播放器、台式机、笔记本电脑、触摸屏等智控学习终端，3D扫描仪、3D打印机等3D扫描、打印设备，拾音话筒、摄像头、3D摄像机等录音、摄像设备，拼接屏、视频展台、高清投影机、3D电视、数字调音台、调光台、切换台、电子白板等串口设备，空气、温度智控净化、智控窗帘、智控门禁、智控考勤等智控设备，智控按钮、红外传感器等触发类设备，以及幻影成像设备、虚拟现实设备、教育机器人等。近年来，智慧研创室广泛采用了微光量子板，微光量子板将绿板、投影幕布和电子白板三种功能集于一体，真正体现了环保低碳的特点，课堂教学进入了无尘教学新时代。智慧研创室还应该配备移动终端管理及充电设备，能够对移动设备进行快速批量充电。

三、智慧实验室

智慧实验室应当具备以下特点：

一是具备感知事物（包括实验室人员、环境、设备、样件等）状态的能力。例如具备测量环境信息温度传感器、压力传感器、湿度传感器；感知设备状态及样件状态的FRID信息或二维码的识别器；感知人员面部状态的高清识别器等等。

二是能够处理感知系统传来的数据及以往历史数据，通过一定算法能够把握实验室人员的心里、语言或行为诉求。

三是能够将代表实验室人员诉求、环境变化、研究对象的信息转变成控制信息，并控制相关系统（如步进电机、继电器、机器手、显示器等），自动实现实验人员的诉求或自动完成实验室任务。如张三在实验室中经常将实验室内工作温度调整到25℃，那么只要张三来实验室，实验室则会将通过网络将控制信号传递到温度控制系统，自动调整到25℃；又如，实验人员经过多次实验，得出一定规律，再次试验时，实验室系统自动给出实验参考方案等。

智慧实验室除具备一般实验室所必需的建筑物、设施设备外，还具备四类重要系统，即感知系统、信息传输系统、信息处理系统、执行系统。

感知系统包括：门禁系统、人脸识别系统、红外感知系统（如红外跟踪系统）、环境传感系统（温度传感系统、湿度传感系统、压力传感器、光线传感器等）、设备状态感知系统（如设备参数采集系统）、样件状态表征系统。

信息传输系统：通过无线传输技术（4G、5G、红外）、有线网络等将物联网感知信息传输到各类计算机服务器。

信息处理系统：通过大数据、AI、区块链、仿真技术等先进技术编制具备自学习、自适应的处理系统软件，对通过互联网传递来的物联感知数据进行识别、判断，然后将处理控制信号通过网络系统传递到物联网的终端，控制终端进行相应操作。

执行系统：主要是将服务器发出的控制信息通过网络系统传递给各类需要动作的设备，如室内压力的新风阀门或排风阀门、门禁系统的开关、窗帘关（闭）的步进电机等。有的感知系统和执行系统集成为一体。

四、智慧图书馆

智慧图书馆是一个不受空间限制的、但同时能够被切实地感知的一种概念。有人曾经说过智慧图书馆将通过物联网实现智慧化的服务和管理，其实还包括云计算、智慧化的一些设备，通过这些来改造我们传统意义上的图书馆。我们说智慧图书馆是有感知的，这种感知是指深刻的感知、更广泛的互联互通以及在此基础上的智慧化的管理和服务。智慧图书馆就是把任何知识有机地整合在一起，让读者或用户在这个体系之内能够体会到更加贴心的服务。智慧图书馆是一种数字化、网络化、智能化的信息科学为基本手段的，有着更加高效和便利特点的一种图书馆运行模式，它的最本真的追求就是用最绿色的方式和数字化的手段来实现阅读。它是未来新型图书馆的发展模式，能实现广阔的互联以及共享，他以人为本，进行智慧化的管理和服务。智慧图书馆提供的是智慧服务，而智慧服务的最本质特征就是完成实时的增值，让知识服务的内涵得以升华，这对于人类的可持续发展有着极其重要的意义。

智慧化的图书馆应该做到一般图书馆不能够做到的一些事情，一般情况下，智慧图书馆要可以实现在现有的信息技术水平之下对信息资源的全面认知，并且实现安全可靠的、没有错误的信息传递，甚至要在实现了这些内容的基础之上对信息进行加工处理。

智慧图书馆主要具有如下功能：

第一，图书馆数据的智慧分析。图书馆有图书数据、电子书数据、特色资源数据、视频数据、音频数据、期刊数据、报纸数据、读者数据、借阅数据等。在保护读者数据的基础上，可以通过大数据分析，挖掘图书流通情况、图书借阅情况、读者阅读偏好等，分析读者的学习习惯和学习行为，为读者提高学习效率和学习效果推送策略建议。

第二，借助 iBeacon 技术实现资源的个性化推送。图书馆 APP 中，应用 iBeacon 技术与位置定位、二维码等常用的移动技术与图书馆服务相结合，为读者提供新颖的智慧图书馆体验。iBeacon 是一项低耗能蓝牙技术，由 iBcacon 发射信号，iOS 设备定位接受、反馈信号。借助这种定位技术可以实现图书馆与读者的主动沟通交流。读者经过某一区域时，APP 将会弹出信息提示，帮助其查阅感兴趣的图书资料，并完成预约、借阅流程。

第三，利用超高频 RFID（无线射频识别）图书借还管理系统，实现了自助图书借还、图书 3D 精准定位、智慧盘点、智慧防盗等功能。

五、智慧办公室

智慧办公是综合利用智慧技术对办公业务所需的资源和硬件设备进行智慧化管理，从而营造舒适、便捷的办公环境，提高办公业务流程的智慧化程度，大力提升办公效率。智慧办公将会是未来的主流办公方式，智慧办公具有办公流程智慧化、灵活化，办公地点移动化，办公环境舒适化，办公终端智慧化等特点。智慧办公集智慧办公环境、智慧办公系统、智慧办公服务于一体，可以实现异地办公、移动办公、居家办公等多种办公方式。

办公家具的配置需要考虑智慧性。办公室可以配置多功能折叠沙发、智慧插座、蓝牙灯泡、智控窗帘、智控摄像头、扫地机器人等智控设备。智慧插座与智慧设备之间经过简单设定，即可进行自动化工作，打造智慧工作场景。利用光传感器、温度传感器、气味传感器等实现灯光、温度、空气的智慧控制。如果环境感应器监测光照不足，灯光将自动打开，并参照自然光的亮度自动调节光照亮度。

每天办公室座椅的摆放需要耗费大量的时间。2016 年 2 月，日本研发了自动泊"椅"系统，听到拍手声，椅子能够自动归位。办公室的四面墙上安装了 4 个动作控制摄像头，摄像头通过 WiFi 与椅子相连，在摄像头的引导下，椅子可以进行 360 度旋转并找到自己在办公桌下的位置。

智慧办公室配置智控家具、视频监控、安防报警、门禁考勤等设施，打印、复印、扫描、传真一体机，电子白板，高清投影，平板电脑，台式机，笔记本电脑，可视电话，智慧手机等办公终端。利用笔记本电脑、平板电脑、智慧手机等智慧移动终端,可以方便地实现异地办公、移动办公和居家办公,使得办公环境无处不在。智慧办公可以有效拓展办公场所和办公空间,提高办公效率。

六、智慧校医院

智慧医疗是以医疗大数据和人工智能中心为核心,以电子病历、用户健康档案为基础,以自动化、信息化、智能化为表现,综合应用物联网、射频技术、嵌入式无线传感器、云计算等,构建高效的信息支撑体系、规范的信息标准体系、常态的信息安全体系、科学的政府管理体系、专业的业务应用体系、便捷的医疗服务体系、人性的健康管理体系,使得学校的每一个人皆可从中受益。

智慧医疗系统由智慧预约挂号系统、智慧医疗诊断系统、智慧医疗管理系统和智慧医疗服务系统组成。智慧预约挂号系统主要有医疗信息查询、手机挂号、自助缴费、智慧分诊导引等功能。智慧医疗诊断系统主要有智慧急救、电子病历、病情自述、自诊问诊、病情分析、智慧检查、智慧诊疗、自助住院、自助取药、康复训练等功能。智慧医疗管理系统主要有医护人员管理、医疗器械管理、医疗药品管理、住院诊疗管理、医疗费用管理、医疗报销管理等。智慧医疗服务系统主要有病情监控预警、疫情监控预警、健康教育、健康体检等。

七、智慧宿舍

宿舍是学生居住休息的场所,也是学生的家,更是一个重要的学习场所。目前,学校的很多宿舍环境还有待改善,多数宿舍具有居住学生数量多、人均面积小、空间狭小、味道浓厚、采光通风差等问题。智慧宿舍利用物联网、人工智能等智慧技术实现宿舍的智慧管理和智慧服务,从而提升居住者的智慧体验。

智慧宿舍系统主要包括智慧门禁、智慧家居、智慧可穿戴设备、智慧基础设施等。智慧门禁可以实现指纹开锁、手机开锁、IC 卡密码开锁、遥控开锁等多种开锁方式。创意折叠床、创意折叠椅、创意伸缩折叠书架、光感应智控窗帘等智慧家居，将会有效解决宿舍空间狭小问题，将小宿舍装出大房间效果，营造出舒适的居住环境。

随着可穿戴技术的发展，智慧可穿戴设备逐渐进入人们的生活，人们的生活方式将会更具有智慧性。智能手环可以记录日常生活中的锻炼、心率、血压、睡眠、饮食等实时数据，并将这些数据与手机、平板电脑等终端同步，发挥通过数据预警健康生活的作用。智能戒指可以实现提醒短信、语音和社交网络信息，管理语音来电、遥控摄像头、追踪定位、遥控音乐播放，显示不同时区时间、倒计时等功能。意念力头箍利用脑电波传感器，可以通过蓝牙无线链接手机、平板电脑、笔记本电脑、智能电视等终端设备，让终端设备实时了解大脑的专注、紧张、放松、疲劳等状态，配合相应的应用软件实现意念力互动操作。智能项链可以是一个迷你投影仪，把邮件、短信、通知等信息投射到任何附近的平面；也可以安装麦克风，通过咀嚼声音判断所吃的食物，以此判断摄入的热量。智能眼镜可以安装独立的 Android 操作系统、应用软件等，并能接入无线网络，通过语音或动作操控完成添加日程、地图导航、与好友互动、拍摄照片和视频、视频通话、坐姿提醒、防盗等功能。云端智能体温计可以精确测算基础体温，了解基础体温曲线，跟踪生理健康。云端健康检测仪可以实时监测血压、血氧、血糖、体温、心率、心电等数据，提供实时健康监测报告。医疗报警装置可以对特殊病人跟踪定位，监测佩戴者是否跌倒，智控发出报警信息。蓝牙耳机可以实现与手机、MP4、MP5 等移动终端的无线连接，具有低功耗、低辐射的优点。智能防丢器可以防止手机、钱包、笔记本电脑等贵重物品的丢失，可以有效摆脱丢失东西的困扰。智能"姨妈巾"探测器，通过蓝牙将卫生棉监测湿度的传感器和用户手机连接，可以在女性生理周期实时提醒卫生巾上的血量，以便及时更换。智能马桶具有臀部清净、下身清净、移动清净、坐圈保温、暖风烘干、自动除臭、静音落座等功能，可以为用户提供更舒适、更卫生、更方便的极致如厕体验。

智能照明、无线智能插座、智能探测器等智慧基础设施可以大力提升宿舍的智慧化程度。智能照明、无线智能插座、无线充电器的结合，可以利用物联网技术、无线通信技术、电力载波技术、嵌入式计算机智能化信息处理、节能控制等技术，实现远程单灯开关、调光、检测等管控功能，对照明设备和无线充电设备进行智能化控制。智能探测器可以实时监测烟雾、磁场强度、光照强度、辐射值、一氧化碳、甲醛、PM 2.5 等。智能空气净化器可以依据实时空气监测结果，自动启动空气净化系统。智能安防报警集各种传感器、功能键、探测器和执行器于一体，具有防火、防盗、煤气泄漏报警等功能。智能垃圾桶采用微电脑控制芯片、红外传感探测装置、机械传统设备，需要扔垃圾时能够自动开启垃圾桶盖，并能对垃圾进行初步的分类处理。扫地机器人能够自动识别房间内的卫生状况，依据粉尘、纸屑等垃圾类型，自启动合适的垃圾清理模式。蓝牙脂肪秤通过测量生物电阻显示分析体重、BMI（身体质量指数）、脂肪率、水分率、肌肉量、骨量、内脏脂肪、热量等数据，为用户提供健康指导。云打印机支持手机、平板电脑、笔记本电脑等多种终端，构建漫游共享打印平台，可以实现随时随地任何终端的云打印。无线充电智能水杯具有无线充电、手势感应、暖手功能、情感互动、茶颜功能等，杯身具有一个 LED 矩阵屏幕，可以显示水温、水量、饮水状态等基本信息，支持蓝牙，可以连接手机通过 APP 给水杯发送消息或图画。

八、智慧餐厅

智慧餐厅是利用物联网技术、大数据技术、无线网络技术打造的智慧用餐环境。智慧餐厅可以显著减少工作人员数量、降低经营成本、提升管理绩效、提升服务品质。学校餐厅具有用餐时间集中、用餐人数多、饮食偏好差异大的特点。智慧餐厅系统可以实现餐位预定、自助点餐、接单做菜、支付宝结账、微信结账、一卡通结账、自助打印发票等功能，并可以借助机器人厨师、机器人服务员替代厨师和服务员的工作。智慧餐厅系统可以借助用餐大数据，分析顾客的饮食偏好，按顾客所需精准供给饭菜。

九、智慧交通

智慧校园内可以建设无线充电道路、无线充电停车场，电动汽车在行驶或停车的时候可以方便地充电。无线充电技术已经相对较成熟，2014年韩国铺设了一条长达12公里的无线充电路段，车辆行驶在路上可边开车边充电。

高校一般面积较大，有些高校有多个校区。智慧交通也是智慧校园的重要组成部分。无人驾驶校车将会为智慧校园提供方便、快捷的交通服务。近年来，无人驾驶汽车已经进行了较多测试，未来将会进入校园助力智慧交通。

智慧交通可以提供实时的校车运行情况，依据乘车人数的动态变化适时增加校车运行的数量，师生可以精确地了解校车到达站台的具体时间，避免长时间等待或错过校车。智慧门禁能够识别车辆，实现车辆进出的智慧管理，自动计算停车时间和收取停车费。智慧停车能够动态显示校园内的停车场位置和停车位数量，并能对停车实现高效率导引。近年来，随着人们生活水平的提高，汽车进入了千家万户，未来将会有更多的师生开车进入校园，停车难已经成为城市亟待解决的难题。智慧立体停车库与互联网的结合，将会提供停车的智慧解决方案，实现停车查询、预定车位、自动计费支付等功能，在很大程度上缓解停车难的问题。

第二节　智慧校园业务系统建设

业务系统集成主要是将学校内部现有业务系统接入到数据交换与共享平台中，实现数据层面、功能层面的协同工作，具体集成方法包括如下内容。

一、根据集成结构分类

按照业务系统与交换平台的集成结构可分为纵向集成、横向集成和星型集成三种类型。

（一）纵向集成

纵向集成重点在于对各个子系统进行功能整合，通过创建功能实体实现多系统互联。其优点在于实施快捷，且集成过程只涉及子系统供应商，无须过多实施费用，因此，短期来看学校可较好地控制集成成本。但这种集成方式的缺点在于需要由子系统供应商建设一个专门的子系统实现集成所需功能，当学校对该系统有其他集成需求时往往需要重新开展集成工作，因此，长远看无法测算最终集成成本，集成工作可复用程度低。

（二）横向集成

即企业服务总线，由集成商开发一个专门的集成系统实现各个子系统之间的互联，由服务总线负责各个接口之间的数据传输，避免了各个子系统之间的系统对接，降低集成成本，且每个子系统只要与服务总线对接一次即可向其他总线上的系统提供数据服务，从而使得整个系统具有较高扩展性。

（三）星型集成

即所有子系统之间进行一对一互联，从单个被集成的子系统来看其集成结构为星型。其缺点显而易见，即一旦高校新建业务系统需要集成，那么，需要将新建系统与所有系统进行对接，使得集成工作呈几何倍数增长。

二、根据集成深度分类

从集成的深度上看，业务系统集成可分为表示层集成、业务逻辑集成、应用接口集成和数据级集成四种方式。

（一）表示层集成

将各个业务系统的功能集成至统一的界面供用户访问各个系统功能。这种集成方式在于将各个业务系统的终端界面都用统一的标准页面来替换，应用程序终端窗口的功能可以一对一地映射到一个基于浏览器的图形用户界面中。这种集成方式最常见的应用方案即为建立统一门户系统，通过门户实现业务系统的单点登录、应用接入、权限管理等功能，从而实现业务系统的统一化集成。

（二）业务逻辑集成

该集成方式主要用于业务逻辑共享，各个子系统向高层业务集成层提供业务集成接口，实现子系统功能模块的复用和集成，并将多系统集成后的高层业务展示给用户，实现最终集成。该集成方案主要使用中间件技术和企业应用集成技术实现包括消息中间件集成、交易中间件集成或应用服务器集成等。目前的研究和实现主要集中在对 Web Servlce 技术的使用，通过子系统间的信息传递，实现了业务流程的集成。

（三）应用接口集成

应用接口集成是在业务逻辑层面的集成，通过内部网络、协议转换与数据传输实现不同子系统间数据通信的安全传输，从而允许集成系统访问子系统的功能模块，实现子应用系统数据的全范围共享。应用接口集成包括两种主要形式：其一，通过面向消息中间件实现新旧系统间的消息传递；其二，将各个子系统看成整体集成系统的分布式对象，通过 .NET、J2EE、CORBA 等分布式对象技术构建对外通信接口，最终实现子系统功能的上层方法调用，从而使得开发人员无须关注子系统的内部框架结构，实现高校内部的跨平台集成。

（四）数据级集成

企业数据集成是数据层面的操作实现集成，通过数据复制、数据聚合、数据的抽取、转换和装载实现子系统数据源实体或复制数据传递到数据需求系统，从而实现数据的共享和集成。企业数据集成主要应用在建立校内统一的数据交换与共享平台，以平台为载体向各个子系统数据源抽取共享数据，并通过清洗、转载、发布实现数据的共享管理，从而实现各个子系统的数据集成。

第三节　智慧校园数据中心建设

一、"智慧校园"数据中心建设趋势

随着物联网、移动互连等技术的迅速发展与推广使用，高校中人员和校园资源交互的方式也在发生深刻的改变，已经由简单的人机互动，发展为人与人、人与资源、各业务系统之间通过各种移动设备、智能设备进行互动交流与数据传输。通过虚拟化及云计算等各种新技术将学校的教学、科研、管理与校园资源和应用系统进行融合，建立智慧化服务与管理的校园模式，已成为目前各高校信息化建设的一个主要目标。

"智慧校园"自身拥有庞大的数据资源，各业务系统也会不断产生大量的数据，各业务系统之间还要进行大量的数据交换，这些数据既有结构化的也有非结构化的，因此组织存放这些数据的数据中心就显得非常重要。可以说存储于数据中心的数据是"智慧校园"的应用基础，能否建成一个成功的数据中心，是决定"智慧校园"建设是否成功的关键因素。

高校信息化起步较早，"智慧校园"数据中心大都是在原有数据中心的基础上进行建设改造的。早期主要解决如何建设数据中心的问题，主要特点是数据中心端到端网络整合，即根据业务需求，基于开放标准的 IP 协议，完成对企业现有异构业务系统、网络资源和 IT 资源的整合。数据中心端到端网络的设计以功能分区、网络分层和服务器分级为原则和特点。通过多种高可用技术和良好网络设计，实现数据中心可靠运行，保证业务的永续性。

但以前高校业务系统存在着惯性的烟囱式建设情况，业务系统或者基础设施以垂直体系建设，逐渐形成了资源与信息的孤岛，例如存在原有存储利用率不高，未来扩展困难等问题。这种传统的 IT 架构已经无法完全满足"智慧校园"新业务快速部署的要求，并且孤岛式的基础架构存在效率低下、成本高企、人力维护难度大、数据共享困难等情况。

而随着虚拟化技术的迅猛发展，越来越多的业务应用被迁移或者部署到虚拟化平台中。传统的应用孤岛式的数据中心模型扩展性差，核心资源的分配与业务应用发展出现不匹配，使得资源利用不均匀，导致运行成本提高、现有投资无法达到最优化的利用、新业务部署难度增大、现有业务持续性得不到保证、安全面临威胁。虚拟化通过构建共享的资源池，实现对网络资源、计算和存储资源的几种管理、规划和控制，简化管理维护、提高设备资源利用率、优化业务流程部署、降低维护成本。

采用存储虚拟化技术，可全面整合现有数据中心后端存储资源，打通不同品牌、新旧存储等限制，实现存储池化，面向前端提供统一的存储服务，为前端服务提供应用交付级别的存储管理，满足用户在性能、容量、可扩展性、高可用性等的要求，为高校未来业务发展和数据增长，提供有力的支撑。

在高校信息化的发展中，数据安全开始变得越来越重要，因为数据中心承载着越来越多和越来越重要的应用和业务系统，绝大部分高校目前没有规划统一有效的保护策略，随着虚拟化和大数据的发展，传统的手工备份、磁带备份则成为信息管理部门的一项繁重工作，并且由于高校日常教学与科研、文化与生活、校务与决策越来越依赖业务系统和应用，因此保证业务系统数据的安全，使核心应用及数据具备容灾功能，就变得十分迫切了。

适应"智慧校园"的新一代数据中心应具有应用安全与资源智能的特性。基于TCP/IP的开放架构，保证各种新业务和应用在数据中心的基础体系架构上平滑部署和升级，满足用户的多变需求，保证数据中心的持续服务和业务连续性。各种应用的安全、优化与集成可以无缝地部署在数据中心之上。通过智能化管理平台实现对资源的智能化管理，资源智能分配调度，构建高度智能、自动化的数据中心。

在"智慧校园"环境中的每个人都希望能随时获取公共信息资源、发布个人信息，个人拥有私有网络存储空间，能对其进行有效灵活的管理，能对其中的资源进行共享。各种各样的"云"，为适应上述的要求在虚拟化的数据中心基础上迅速发展起来。

"云"的基本特征是动态、弹性、灵活，按需计算，传统的网络架构与技术虽然也能构筑云计算的基础平台，但是因此而形成的传统运行架构却无法支撑如此动态化的IT业务要求。它必然要求一种新的数据中心IT运行模式，将大量的计算资源以动态、按需的服务方式供应和部署。传统业务结构下，由于多种技术之间的孤立性（LAN与SAN），使得数据中心服务器总是提供多个对外IO接口：用于数据计算与交互的LAN接口以及数据访问的存储接口，某些特殊环境如特定 HPC（高性能计算）环境下的超低时延接口。服务器的多个 IO 接口导致了数据中心环境下多个独立运行的网络同时存在，不仅使得数据中心布线复杂，不同的网络、接口造成的异构还直接增加了额外人员的运行维护、培训管理等高昂成本投入，特别是存储网络的低兼容性特点，使得数据中心的业务扩展往往存在约束。

由于传统应用对 IT 资源的独占性（如单个应用独占服务器），使得数据中心的业务密度低，造成有限的物理空间难以满足业务快速发展要求，而已有的系统则资源利用效率低下。而且，传统业务模式下，由于规模小，业务遵循按需规划，业务应用部署过程复杂、周期漫长，难以满足灵活的 IT 运行要求在云计算这种变革性运营与服务模式下，必须能够解决成本、弹性、按需增长的业务要求，并改进与优化 IT 运行架构。因此，云计算服务必然要求一种大规模的数据中心 IT 运行方式，在极大程度上降低云计算基础设施的单位建设成本，大幅降低运行维护的单位投入成本。通过网络与 I/O 的整合来消除数据中心的异构网络与接口环境，云计算中心需要优化、简化的布线与网络环境。由于其业务集中度、服务的客户数量远超传统的数据中心，导致了高带宽的业务流。所以，为满足云计算的业务要求，统一的基础网络要素必然包括：超高速交换、统一交换、虚拟化交换、透明化交换。

因此，"云"技术能很好满足"智慧校园"对大数据存储与各业务系统使用的要求，未来"智慧校园"的各种数据一定是存储分布在各类"云"中，各种"公有云"与"私有云"将共同构成"智慧校园"的数据中心。

二、"智慧校园"数据中心建设方案

（一）数据标准和代码标准建设

数据标准包含编码标准（人员编码等）、代码标准（职称代码、组织机构代码、专业代码）和元数据标准（数据表结构定义）以及代码流向和数据流向和标准。数据标准管理对各业务系统建设提出数据标准要求，代码标准的统一将增强业务部门对数据定义和使用的一致性，减少数据转换，促进系统集成。在国家和教育部高校信息化数据标准和代码标准的基础上，结合学校自身校内标准和个性化需求，形成校内可执行的统一标准。随着业务系统的新建，以及数据的集成和利用，逐步迭代完善。

标准又分为核心校标和其他校标，核心校标主要是校区代码、教职工人员编码、统一人员编码、本科生编码、研究生编码、组织机构编码、专业编码等。在制定标准的同时，我们也需要同步制定各类管理规范，从而规范数据的各项流程，比如数据管理办法、标准代码编码规范、编码管理规范、组织机构管理规范、业务系统集成规范等。

（二）数据集成与共享接口

在数据集成和共享之前，需要对全校各部门进行初步的流程梳理和业务调研，大致确定学校的数据总体情况。之后，通过数据集成工具将分散在各业务系统中的数据抽取出来，进入数据中心数据库，形成整个学校内唯一的、标准的和权威的数据集，从而实现数据的统一集成和标准化，解决业务系统间交互数据的问题。

数据共享接口采用面向服务体系架构，将数据封装成数据接口开放出去，供第三方开发者使用。第三方开发者可基于这些接口为师生提供各种数据应用。采用 HTTP 协议，数据 API 共享方式，可以减少对数据库的直接访问，满足实时、按需的共享需求场景。

（三）数据资源目录

针对学校信息化建设现状及目标，现有数据资源以业务为维度，以表为单位进行资源开放，梳理形成学校核心数据资源目录。主要内容包括业务域、数据名称、数据描述、核心业务属性、数据规模、采集方式、采集频率等。数据资源目录可直观展示学校的数据治理集成成果，让后台的工作能展示到前台；可在线申请使用数据，更方便规范地使用数据；也可提供数据资源目录的查询检索功能，提供数据开放服务；连接数据生产者和消费者，让部门参与驱动数据质量提升与数据价值探索。

(四) 数据质量检测

数据质量检测可以对业务系统集成过来的数据进行事后检测,暴露数据存在的问题,包括数据集成问题、实施规范问题、源头业务系统本身数据质量问题。通过数据质量检查发现问题,从而推动业务系统数据的质量提升。检测可以设置相关的规则,比如空检查规则、代码检查规则、唯一性检查规则、文本检查规则等,也可以设置数据检测范围、检测时间等。

(五) 数据运行监控

运行监控管理为数据管理部门提供系统的动态、异常情况、数据情况等。以图形的方式和通俗易懂的表现形式来展现系统的各种运行和异常情况,并且按照事件的重要程度,将最重要的信息展现在最醒目的位置。具体包含系统监控检测、数据集成监控、数据库监控、数据流向查询等。同时进一步反映业务系统集成情况、代码标准建设情况、数据现状情况、历史数据存储情况等建设成效。通过数据监控也可以暴露元数据检测、代码标准一致性检测、数据集成运行情况、数据质量检测等存在问题。采用图形化方式分层反映系统数据的拓扑关系,通过系统之间、表之间、字段之间等三层体现数据的"从哪来,到哪去"。

(六) 数据决策支持

在数据中心积累了各类数据之后,我们就可以针对这些数据做各种颗粒度的分析,从而为科学决策提供数据支持。比如可以进行学科情况分析、师资队伍分析、学生情况分析、资产情况分析、教学分析、科研分析、财务分析、招生分析、就业分析、图书分析、一卡通分析、上网分析等。

第四节 智慧校园云平台建设

智慧校园云平台以丰富的云基础设施、虚拟计算资源、虚拟存储资源、虚拟网络资源、云管理和云安全服务于学校各级部门,提供了一个功能完整的、标准开放的、方便集成的服务层,提供海量数据的存储、处理和分析,为学校各部门集中提供基础的信息处理能力，承接各部门的应用系统迁移和部署，实现相关云数据中心的资源整合、集中部署与统一管理。

一、智慧校园云平台的价值

随着学校信息化的不断发展，各业务应用系统对信息数据的完整性、运行的可靠性、网络系统的可用性要求越来越高，为保证业务应用系统高效稳定地运行，传统烟囱式的架构改造势在必行。目前，云平台技术已经延伸到学校的各个层面，其有利于整合和合理利用信息资源，降低硬件维护成本，有利于实现信息共享，促进学校教学、管理和科研水平的发展。因此，云平台技术将在学校的IT政策和战略中扮演越来越重要的角色。

（一）整合和合理利用信息资源，降低硬件维护成本

智慧校园云平台将校园的各种资源进行整合开发利用，充分挖掘潜力，提高资源的利用率。智慧校园云平台将分散的软硬件资源进行整合，提高其重复利用率，通过服务器虚拟化技术，将各种硬件及软件资源虚拟化成一个或多个资源池，并通过系统管理平台对这些虚拟资源进行智能的、自动化的管理和分配，彻底消除教育信息化中的信息孤岛，实现信息分散、动态采集，集中安全管理，共享应用。

（二）实现信息共享，促进学校教学、管理和科研水平的发展

智慧校园云平台促进各个应用系统的数据动态及时地互联互通，基于教学、科研、管理、服务等各个领域，为学校提供涵盖整个校园相关的信息化、智能化服务。为学生、教师、家长、公众、管理者提供数据及应用底层的服务。

二、智慧校园云平台的建设

智慧校园云平台将所需的软硬件设备进行集中管理，利用虚拟化技术实现任意的组合搭配，由此智慧校园业务应用可按需求智能地分配到相应的资源。

(一) 云平台架构

智慧校园云平台架构分为基础资源层、虚拟资源层、管理服务层和安全防护层。

智慧校园云平台可以采用自建模式和租赁模式，自建模式的投资和运营成本较高，但是灵活性、可靠性和安全性较高。租赁模式的投资和运营成本较低，但是依赖第三方机构，在扩展性和灵活性上都受到限制。

(二) 基础资源层

智慧校园云平台基础资源层包括硬件设备和软件设备。硬件设备有服务器、存储、备份一体机、存储控制系统、SAN交换机、路由器、交换机、负载均衡、VPN网关、防火墙等，根据应用规模，硬件性能及规模可在不影响应用正常运行的情况下进行弹性扩充。软件设备有操作系统、虚拟化软件、中间件、数据库系统、云计算管理平台、入侵防御检测系统、身份认证系统、运维安全审计系统、数据库安全审计系统、漏洞扫描系统。所有软硬件设备构建了智慧校园云平台的计算资源、存储资源、网络资源及安全保障。

(三) 虚拟资源层

智慧校园云平台虚拟资源层通过虚拟化技术，将服务器、存储和网络资源统一管理和调度，构成一个虚拟资源池对内对外提供服务。虚拟化技术为底层资源的访问提供了简单、统一的接口，使用户不必关心底层系统的复杂性。首先，通过运行在服务器上的虚拟化内核软件，屏蔽底层异构硬件之间的差异性，消除上层客户操作系统对硬件设备及底层驱动的依赖，同时增强虚拟化运行环境中的硬件兼容性、高可靠性、高可用性、可扩展性、性能优化等功能。

虚拟化资源层包括虚拟计算资源、虚拟存储资源和虚拟网络资源。

1. 虚拟计算资源

云平台各个系统对计算资源的需求主要通过服务器来完成。服务器虚拟化将一台物理服务器划分成多台虚拟服务器，彼此之间的数据是隔离的，对计算资源的使用也是可控的。物理服务器和虚拟服务器在应用和操作上几乎没有区别,用户可以在虚拟服务器上灵活地安装任何软件。

2. 虚拟存储资源

存储通过集群应用、网格技术和分布式文件系统集合起来协同工作。存储虚拟化将存储系统的内部功能从应用、主机或者网络资源中抽象、隐藏或者隔离,其目的是进行与应用和网络无关的存储或数据管理。存储虚拟化通过数据块存储地址的虚拟化,实现对存储内容的快速寻址,通过合理的组织将其构建为能被统一访问的物理资源池,将其虚拟化为逻辑资源,并为上层应用使用。

3. 虚拟网络资源

网络是云平台的基础,云平台可搭建智慧校园内外网。针对内外网之间的物理隔离,网络可采用双链路聚合的方式,既可提高安全性,又可扩充带宽。网络虚拟化包括对外部网络环境的虚拟化和对云平台内部(服务器到接入设备、服务器到存储设备、接入设备到核心设备)的网络虚拟化两种。网络虚拟化技术是面向云计算的网络虚拟化技术的核心,通过与传统网络虚拟化技术的配合,实现虚拟防火墙、虚拟 IDS、虚拟负载均衡器、虚拟 SSL VPN 网络。

(四)管理服务层

智慧校园云平台管理服务层通过虚拟化管理软件形成云计算资源管理平台,实现计算、网络和存储等硬件资源的软件虚拟化管理。通过虚拟化技术和基于策略的自动化管理技术,实现对物理资源、虚拟资源的统一管理和分配,主要包括设备管理、资源管理、服务管理、接口管理和系统管理功能。

1. 设备管理

设备管理指接入和管理物理设备,包括设备发现、设备监控、设备配置、设备部署、设备告警、数据上报等。云平台定期(如按照秒、分钟、小时等)向服务器或应用程序发送探测信号(如 HTTP 请求、TCP 请求、PINC 请求等),针对包括网线断开、网卡损坏造成的网络通信故障;断电、

CPU 故障、内存故障或其他配件原因造成的服务器故障；存储离线、磁盘损坏或磁盘空间不足造成的存储故障；操作系统死机、软件进程中断等造成的程序故障，云平台给予告警提示和数据上报。

2. 资源管理

资源管理包括动态分配资源、动态管理耗能、管理调度策略、资源池高可用性和备份恢复等功能。可实现对资源（计算、存储和网络资源）的申请、更改和取消。同时可对资源使用情况进行管理，包括资源的使用情况和剩余情况等。

计算资源管理：通过管理工具对不同计算资源的开放接口进行连接和统一配置，实现对所有计算资源的集中部署与控制。

存储资源管理：采用 IP SAN（以太网光纤通道）和 FC SAN（基于光纤通道的存储局域网络）相结合的模式进行存储资源的部署。

网络资源管理：通过三层交换机与外部进行节点流量转发和集群间流量转发，通过大容量防火墙和负载均衡设备供内部业务系统共享使用资源。

3. 服务管理

服务管理指基础资源池服务能力，如动态伸缩、负载均衡等。智慧校园云平台使用各种虚拟化系统管理插件、系统管理插件和物理机部署插件，将物理机与虚拟机整合成一个共享的计算架构，进行资源的预约和按需分配。在真实与虚拟间进行比较，对数据进行深度的挖掘和分析，自动发现可能发生的隐患问题，使智慧校园云平台能够根据当前的负载和资源的使用情况，有序地进行资源的合理分配。

4. 接口管理

接口管理基于 API 对外开放标准的计算接口、存储接口和网络接口，以便数据、业务或应用的集成，设备自动化部署、调度和分配。

5. 系统管理

系统管理包括用户管理、日志管理、报警和性能监控等，应对智慧校园云平台的整个生命周期、安全事件、运行维护和监测、度量和评价进行管理。

(五)安全防护层

智慧校园云平台安全防护层要保证环境、系统、虚拟机、存储和网络的安全。

1. 环境安全

环境安全是整个智慧校园云平台安全的基石。智慧校园云平台的环境安全主要指服务器等硬件设备免遭地震、水灾、火灾等事故以及人为破坏,需要采用防盗窃、防破坏、防雷、防火、防静电、防尘、防电磁干扰、防线路非法接入等相关安全措施。需要建立人员的日常行为准则,将责任细化并落实到个人;需要建立日常巡检制度,随时发现安全隐患,做好记录并采取各种防范措施;需要建立应急措施,一旦发现安全事件,立即启动应急响应。

2. 系统安全

智慧校园云平台的系统安全主要指操作系统和数据库系统的安全,主要包括操作系统本身所存在的不安全因素,如身份认证、访问控制、漏洞病毒问题等,需要采用关闭无关服务、身份鉴别、访问控制、安全审计(服务器、数据库)、入侵防御、恶意代码控制、漏洞管理、补丁管理、病毒防护、运维安全管理等安全措施。

3. 虚拟机安全

智慧校园云平台虚拟机虽然不易受病毒和其他问题的影响,但也并非坚不可摧,需要像保护物理机那样保护虚拟机,以防恶意操作或无意破坏。云平台虚拟机安全需采取基准级别安全控制、资源分配、数据流控制等安全措施。

4. 虚拟机安全

智慧校园云平台虚拟机虽然不易受病毒和其他问题的影响,但也并非坚不可摧,需要像保护物理机那样保护虚拟机,以防恶意操作或无意破坏。云平台虚拟机安全需采取基准级别安全控制、资源分配、数据流控制等安全措施。

5. 存储安全

智慧校园云平台既存有大量的内部和外部数据,另外还包括用户的各类隐私信息，虽然采用诸如数据标记等技术可以防范非法访问混合数据，但通过应用程序的漏洞仍可以实现非法访问，为了从根本上解决这一问题，必须通过存储区域划分的方式来实现数据隔离，对系统、虚拟机、物理机和软件进行备份，以较好地解决数据存储安全问题。

6. 网络安全

智慧校园云平台的网络安全主要包括网络架构安全（子网、防火墙和操作系统锁定等物理组件的安全）、网络访问控制（对网络上传输的敏感数据进行加密保护，并对传输信道的两端进行身份认证）、网络入侵防御、网络安全审计、网络设备防护、边界完整性检查，需要采用防火墙、安全隔离网闸、入侵防御系统、网络安全审计、防病毒、网关、强身份认证等安全措施。防火墙能够实现故障转移技术，满足智慧校园云平台的要求。针对防火墙允许的一些攻击行为，防火墙是无能为力的，必须配备入侵防御，对入侵事件进行实时跟踪、报警、阻断和记录。

第五节　智慧校园服务门户和平台建设

一、智慧校园服务门户系统建设

门户是对高校内部的信息和应用系统进行整合，通过统一控制用户对信息和应用系统的访问，为用户提供单一的访问入口。从界面上看，门户可按照资讯、搜索、业务服务和公共服务几个部分进行内容整合，对高校个人信息中心提供的内容进行梳理和归纳，根据用户身份提供满足其需求的特定信息和应用的整合，为用户提供个性化、一站式的信息服务。一般地，门户建设内容应包括服务集成建设、信息集成支撑、信息集成管理以及服务组件四个方面。

（一）服务集成建设

1. 数据集成

所有的已建系统、新建系统与公共数据库进行对接，以及要考虑到未来的新建系统与数据库的对接，需要提供完整的 Web Service 数据标准接口，以及数据库结构和数据字典描述，开放数据库读写权限，实现门户与其他应用系统的数据交换和共享。

2. 认证集成

所有的已建系统、新建系统与统一身份认证平台进行对接，系统的认证都需要归入统一身份认证中从而实现校内用户的统一认证、账户统一管理和单点登录。通过校园统一身份认证服务接口进行认证集成。

3. 个人信息中心集成

所有的已建系统、新建系统与个人信息中心进行对接，提供 Web Service 接口标准与规范、面向师生的服务应用遵循国际标准 JSR268 portlet 规范，将面向最终用户的服务整合在统一校园个人信息中心平台中。

4. Iframe 集成

对于一些不具备改造条件功能，支持通过个人信息中心 Iframe 的方式集成到个人信息中心。

（二）信息集成支撑

信息集成需要标准个人信息中心服务器、集成工具以及用户个性化集成三个方面来实现，具体如下。

1. 标准个人信息中心服务器

提供校园个人信息中心平台的基础运行支撑，遵循国际标准和主流开发技术，包括 JSR-168、Spring Application Framework、Spring MVC、Portlet Framework 等。

2. 集成工具

用于在校园个人信息中心平台中提供丰富的内容集成方案，包括页面集成、数据集成和应用集成，集成手段包括 Iframe 集成、页面抓取、RSS 集成、HTML 编辑、凭证登录集成等。

3. 用户个性化集成

提供丰富的用户与系统交互功能，包括服务自定义收藏、资讯订阅、服务评价、服务导航等。

(三) 信息集成管理

1. 角色管理

对个人信息中心用户进行角色管理，角色基于校园用户身份，支撑数据集成共享库，保障用户数据的一致性。

2. 模板管理

完成对不同角色用户的个性化管理，可以对不同角色授予不同的应用，配置不同的角色访问 UI。

3. 应用访问分析

对应用访问数据进行跟踪分析，发掘使用频度高低的各类应用，促进应用的完善和提供。

4. 运行管理工具

提供对 Portlet Server 的管理，包括站点管理、故障邮件报警、访问统计。

(四) 服务组件管理

1. 服务注册

面向内、外部应用提供开放的注册接口，并实现对已注册服务的统一管理。在个人信息中心上发布的所有服务必须在服务集成平台注册。

2. 服务定义

包括服务的基本属性、开放设置、提醒设置、推荐设置以及服务的授权等功能。

3. 服务组织

提供将所有服务按照主题、分类（大类、小类）进行归类的功能，同时提供关键词检索功能。

4. 服务应用

提供服务导航、服务推送、服务说明、服务咨询、服务评价、服务检索、服务排行、服务关联、服务收藏。支持绑定第三方服务应用组件，可以自定义组合。

5. 服务监控

可以查看每个服务的访问情况、管理员的操作日志、在线用户等信息。

6. 服务集成接口

提供服务应用开发标准及接口规范，提供服务集成套件，系统支持市场上主流的集成方式，主要包括 Web Service 接口、Iframe、RSS、URL、HTML、页面抓取等方式，并通过服务集成套件将服务应用集成进个人信息中心。

二、智慧校园服务移动门户系统建设

当前，高校师生作为移动互联网用户的主流人群，其移动应用服务的需求日渐高涨，大量的移动互联网应用占据了广大师生相当的网络消费时间，从而使得大量的移动互联应用迅速崛起。同时，学校内部及周边的生活、学习等信息服务形态难以满足日渐旺盛的移动体验需求。现有的门户在信息及时性和互动上存在很大局限性，学校内部的资讯及生活服务等资源也未能充分利用，造成大量不受控制的外部移动应用正在不成体系地通过非安全方式对接校内的核心系统入口。

在此背景下，高校急需为师生在学习、工作、生活等信息服务领域提供可控的移动化支撑，即移动门户平台，以提供一个集中式的校园移动服务分发通道来满足师生的移动服务需求。

移动门户平台的建设是高校数字化校园建设发展的必经阶段，其目标不仅仅是完成传统数字化校园在移动端的迁移，而且要基于移动互联网理念重构一套开放的移动校园信息化生态体系，建设服务型移动应用，并通过持续迭代优化用户体验、盘活校内用户资源，实现信息化建设价值。

移动门户平台提供各类应用的统一分发和统一访问通道，包括移动门户、应用管控台以及功能设计三个部分。

（一）移动门户

移动门户支持用户登录、个人信息维护、移动应用在终端的聚合和管理

（下载、安装、更新、移除）以及接收 PUSH 消息和系统消息服务，主要包括以下功能：

账号登录及授权：与学校现有统一身份认证系统无缝集成，实现单点登录。

个人信息维护：支持灵活设置个人昵称、个人照片信息、个人联系方式等属性信息，并在使用第三方应用时，可以自主选择是否允许第三方应用访问个人授信信息。

个性化系统消息提醒：支持用户登录后接受系统推送的与角色相匹配的消息，支持语音、图片、外部链接、新闻等富媒体信息格式。

PUSH 服务：推送系统内重要的与用户强关联的通知消息。PUSH 的消息支持系统内嵌服务跳转，如新闻、通知公告或外链的第三方跳转，也支持被集成的移动应用的直接调用。

移动应用市场：提供学校专属的移动应用列表，并为不同权限用户展现个性化的移动应用列表，用户可以对应用进行安装、卸载、评价。

（二）应用管控台

应用管控台主要实现对用户、应用、权限的管理，具体如下。

管理权限设置：支持不同管理组的设置，如身份管理、应用管理、内容管理、客户端管理等，并对不同管理组配置相应的管理员，通过页面授权的方式进行独立管理。

用户及角色信息管理：可以自定义用户角色，如分为学生、教师、行政管理人员等角色，根据不同角色进行差异化的应用推荐和功能设置。

应用管理：支持对授权的第三方应用进行管理，如添加、编辑、上架、下架、删除、升级、版本回退等。

服务分发统计服务：支持获取用户访问总数、订阅用户数、新增用户数、在线用户数、月活/日活用户数等统计数据。

应用内容管理：对新闻、通知公告等依赖于 PC 应用系统的移动应用，进行应用订阅源管理、应用内容发布、内容同步等管理。

客户端版本升级管理：支持对客户端版本升级信息进行管理。

（三）移动门户功能设计

移动门户在进行功能设计时，除了要实现WEB端门户系统功能移动化的同时，还要考虑根据App不同使用角色设计针对性的功能模块，即在功能上不可一概而论。

根据不同角色类别，一般将功能模块分为公共模块和个性化模块两个部分。其中，公共模块应为所有角色都需要的功能模块，主要为用户提供基础信息查询服务。

而个性化模块则需要按照角色特点进行分配，如教师个性化功能为课程表，学生个性化功能则是成绩查询和课表查询，而在岗在编行政人员则更关注部门通知。

第六节 智慧校园站群系统建设

目前有些高校的网站信息化建设，由于管理、资金、技术等方面的原因，门户网站还只是通过链接将一个个独立的党政部门网站、院系网站及专题网站简单地整合到一起，并没有科学地进行整体规划，统一建设。这样就导致各部门和院系重复开发功能相似的网站系统，从而造成资源的严重浪费。同时，互联网的安全形势越来越严峻，高校网站承受着来自国内、国外的大量网络攻击。在这种背景下，网站群成为越来越多高校网站建设和管理的首选方案。

采用网站群系统建站有很多优点：网站群系统提供了若干网站模版文件、内容模版、组件、插件等，可以快速地复制建站，而且各站点之间可以共享信息。这样既节省了开发网站的时间，又节省了网站建设的人力和财力投入；网站群系统使得建站分工明确，通过对不同用户权限的设置，各自进行自己的站点、栏目、内容等的维护。比如：模版设计人员进行相应模版的设计，栏目管理员负责设计栏目、信息员负责进行内容的添加、相应管理员负责对应栏目内容的审核等等；采用网站群系统，可以将高校所有网站进行统一整体规划，采用统一的技术创建同一个平台，能够统一进行后台权限分配。网站群系统采用模版技术使内容和表现分离，非技术人员也可以轻松进行内容的管理。

一、网站群建设的需求分析

用户期望网站群系统能进行集中数据存储和统一的权限控制，实现多站点、多栏目统一管理，整个站群的内容检索和统计，实现全站群安全防护，学校内外网信息浏览权限区分，满足学校门户网站和各部门、学院等二级网站的建设需求。具体需求如下：降低网站信息员的工作复杂度，能够支持统一的文档排版。各部门、学院负责二级网站内容维护工作的一般是办公室人员，并不具备网站方面的专业知识和技能，因此他们希望网站信息越简单越好。增强网站的安全防护，网站前台展示页面最好是静态页面，这样不容易被攻击和篡改。减少网站维护技术员工作量，支持统一数据库、统一后台管理。实现学校所有网站数据跨站点流转和审核，实现各站点之间共享信息。网站信息必须使用审核模式。对学校所有网站进行统一整体规划和管理，能对用户设置不同的角色和权限，可扩展性要好。

二、网站群系统功能架构

网站群系统管理着多个站点，各站点的一些基础性的设置在站群管理模块完成。具体的外观设计、内容等功能由站点管理模块来实现。

三、网站群系统建站流程

首先，网站群管理员对网站群系统平台进行搭建，统一对所属网站进行规划。然后添加站点，设置站点的基本信息。站点管理员根据用户需求确定网站栏目，并在系统后台进行设置。网站美工根据栏目情况设计网站主页、栏目列表页、文章内容页的显示效果。模版设计人员根据美工的设计效果图进行模版制作。当网站风格需要改变的时候，只需要重新对模版进行设计和修改即可。整个工作量比传统的建站方式要小很多。当需要信息时，信息员直接把要的内容复制到后台添加文章内容页，提交后等待网站管理员审核通过后方可在前台显示。部门网站的文章，经学校门户网站的管理员审核后也可转到学校门户网站上。

四、网站群系统关键技术

（一）模版技术

模版技术是基于 MVC 设计模式发展起来的，它的诞生是为了将显示与数据分离。模板技术本质是将模板文件和数据通过模板引擎生成最终的 HTML 代码。模板引擎使网站程序实现了显示界面与后台数据的分离，良好的设计也使代码重用更加容易，这使开发效率得到了有效的提升。网站群系统就是采用模板技术来实现内容的管理和界面设计的分离，使得学校门户网站和二级网站可以轻松做到风格统一。

（二）组件复用技术

组件复用将软件拆分成不同的"组件"，每个"组件"像零件一样被设计成可以完成同类工作的通用部件，这些通用部件快速组装就可以生成一个新的软件，这样就大大加快了软件开发的速度，同时使软件也更容易扩展。软件组件的形式多样，可以是一段代码，也可以是一个完整功能模块或者对象类等。"组件"独立于应用接口，它既能直接复用，也能经过简单修改再复用，也可以与别的"组件"组装成新的应用模块复用。由于组件技术能够提高开发的效率，缩短开发的时间，所以在网站群系统中主要使用组件技术设计模板，提高模板的复用性。

五、网站群安全防护策略

网站群系统不仅要求管理、使用、维护好操作，而且要求系统的安全性要高，做到不容易被攻击。对于网站群系统的安全防护，主要从管理层面和技术层面加以考虑。

（一）完善网站安全管理制度

网站的安全运行离不开高效的维护和管理，学校要从多个方面建立完善的网站管理制度，使账号权限管理、网站信息审核、数据备份、人员培训等各项管理工作做到有章可循，同时要保证在网站的日常管理维护中严格执行。

（二）增强网络安全意识

网站管理员要加强网络安全意识。学校定期对所有站管理员进行网络安全、网络技术、网络管理等方面的培训，提高大家的安全意识和安全技能。将网站安全责任明确划分、落实到人，将网站建设管理情况纳入考核指标，增强各级网站管理人员在工作中的责任意识。

（三）做好数据安全备份

网站群系统数据库采用OracleRAC双机模式，这种模式不仅可以实现访问负载均衡从而提升访问速度，而且还能互相备份。当其中一个数据库有问题时，可以切换到另一个数据库运行。服务器设置为每天的某个时间自动备份数据库，当数据库双机都出现问题，可以直接使用备份数据来恢复数据库。

（四）部署Web应用防火墙

Web应用防护墙主要针对网络应用层的攻击进行防御，它通过执行一系列针对HTTP/HTTPS的安全策略来保护Web应用。Web应用防火墙可以有效防御SQL注入、XSS跨站脚本攻击、木马上传、非授权访问等OWASP攻击，还可以有效过滤CC攻击、DNS链路劫持检测、提供0day漏洞补丁、防止网页篡改、拒绝服务攻击等，通过多种手段全方位保护网站系统安全。

（五）网站群系统采取内外网隔离措施

网站群系统后台管理只在校内网进行，只有系统管理员或者信息员才能访问，普通浏览者没有权限访问，学校内、外网之间安装有防火墙，有效地隔离大量的网络攻击。为防止网站页面内容被篡改，网站前台展示页面采用HTML静态页面。

第七节 智慧校园统一身份认证体系建设

如今全球信息化的速度越来越快，全球的信息产业越来越重视信息安全，特别是在信息网络化正处于发达的时期，信息产业的发展离不开网络安全，如何在网络环境中建立起一个完善的安全系统，身份认证技术就成为在网络安全中首先要解决的问题。

身份认证技术是信息安全的核心技术之一，其任务是识别、验证网络信息系统中用户身份的合法性和真实性。身份认证技术的发展，经历了从软件认证到硬件认证，从单因子认证到多因子认证，从静态认证到动态认证的过程。常见的身份认证方法有：基于口令的鉴别方式；基于智能卡、令牌的鉴别方法；基于 PKI 数字证书的鉴别方法；基于生物特殊的鉴别方法；基于组合因子的鉴别方法等。其中，口令认证也是网络信息化中最常用的一种认证方式。

在智慧校园的进程中，身份认证的建设得到了大力地发展，大部分高校已完成了身份认证。回顾近 10 年高校的信息化建设发展历程，学校身份认证的建设经历了两代突破：第一代的单点登录，完成了大部分系统的身份集成，实现单点登录，通过同一套用户名和密码单次登录在各个系统之间切换。大概在 2011 年以后，越来越多的高校通过构建第二代的身份管理方式不仅实现 SSO 单点登录，并且实现对身份的管理，走到了"独立认证、独立授权、独立账号管理"的阶段。但是，身份管理并没有做到将用户真正的关注点抓住，身份的监控、身份的统一授权审计等问题并没有真正被解决，主要存在以下问题。

现有 SSO 模型带来的安全问题，原有基于共享 cookie 的方式进行统一认证，cookie 被所有集成的系统共享，虽然不包含个人敏感信息，但集成系统却可以通过获取该cookie值进行模拟用户登录，存在一定的安全隐患。

对于接入身份认证的系统没有统一管理，学校建设的系统繁多，根据信息化的建设进程，都逐渐接入了身份认证。但是，由于缺少统一的接入管理，对接入身份认证的系统缺少有效监管，对用户访问过哪些系统也缺少应有的数据积累。通过接入系统的统一管理，还可以从身份认证的层面，对系统进行第一层的安全保护，即可用设置哪些用户可以访问该系统，无权限访问该系统的用户，即使已经登录了身份认证，也无法登录该系统。

缺少对用户登录访问过哪些系统的有效监控，无法监控访问情况就无法掌控安全情况，难以对一些情况加以判断，如用户频繁访问一个系统，或频繁查看某些信息，需要对这样的用户进行记录，可以为后续用户个性化的推荐服务提供数据支撑，也可以让用户自己看到访问过哪些系统等。

对于一些新的协议如OAuth无法得到支持，很多第三方应用无法接入或接入时无法掌控其权限，如超级课程表是通过暴力破解学校教务系统，从而拿到学生的课表信息，对学校的信息安全存在严重隐患。当学校支持OAuth协议时，可以授权给超级课程表相应的权限，并且告知学生如果使用超级课程表将会读取你的课表信息，使学校所有的对外信息都得到控制，保证学校的安全性。开放对于有些学生有帮助的应用，既要进行管理，也要进行支撑，是疏而不是堵。

缺少对新型认证方式的支持：如二次授权、动态密码等功能，当在公共场所登录学校系统时，如果使用传统方式登录学校系统，有可能密码等信息会被监控，导致学校和个人的信息外泄，存在严重的安全隐患；对于一些重要的系统，如财务、OA系统等，在用户登录其他系统进行身份认证后，如临时离开或者交由其他人来管理自己信息时，这些财务和OA等重要信息是不允许被他人看见的，如果不做二次授权，信息有可能会被其他人泄露出去导致信息安全等问题。

因此，构建一个高效稳定、安全可靠、统一授权、集中认证模式的集中身份管理和身份认证平台已经成为各大高校数字化校园建设的重要目标。

身份认证管理平台应能实现身份数据的统一存储、统一管理，实现全校各类应用的单点登录，以及各类访问与操作的安全审计。同时，还提供便利的工具，便于系统的维护和管理。

一、基础服务

（一）SSO 认证服务

单点登录（SSO）系统的建设目标是要解决各应用系统用户名和口令不统一的问题，希望提供一套方便、安全的口令认证方法，让用户只要一套用户名和口令就可以使用网络上他有权使用的所有业务系统。一般市场上的开发商采用开源的 CAS 协议作为实现单点登录的底层技术平台。

（二）目录服务

简单来说，目录服务就是按照树状信息组织模式，实现信息管理和服务接口的一种方法。目录服务系统一般由两部分组成：一种拥有描述数据规划的分布式数据库和访问与处理数据库有关的详细的访问协议。目录服务与关系型数据库不同的是，目录不支持批量更新所需要的事务处理功能，目录一般只执行简单的更新操作，适合于进行大量数据的检索；目录具有广泛复制信息的能力，从而在缩短响应时间的同时，提高了数据的可用性和可靠性。

目录服务与现有系统集成在一起充当一个集中化的身份信息库，用于将学生、教师和其他人员的信息集中存储。

（三）身份数据存储

对用户的身份、角色、组织机构等进行系统化的管理。

（四）账号数据同步服务

管理员可预先配置账号同步任务，并让这些任务按照事先设置好的时间循环执行，从而满足对身份账号数据的自动同步和处理。

（五）身份自助服务

身份自助服务主要面向高校内的最终用户，包括所有学生、教师和工作人员。个人自助服务可满足用户对自己账号信息和密码信息的维护需求。同时，用户还可以查询到自己的账号使用信息和维护信息。个人自助服务也包括用户找回密码的功能。

二、集成接口

（一）认证方式

身份管理平台采用认证方式与登录方式分层的设计，可平滑扩展多种登录方式，如用户名口令、证书、智能卡等，支持多级登录处理认证机制。为防止暴力破解，一般提供附加图像码、二维码扫描、动态码等方式增加安全性。

（二）认证服务接口

单点登录系统仅为应用程序提供两种类型的认证编程接口。对基于Java的应用系统（包括基于JSP的Web应用系统和基于Java的应用程序）可以使用Java编程接口；对于非Java的应用系统，可以使用.NET编程接口或PHP编程接口或官方其他语言接口。

（三）负载均衡

负载均衡为身份认证服务和目录服务提供大并发访问下的高可用性，实现多机设备和负载均衡的能力，提高硬件设备的使用效率。

（四）身份管理控制台

1. 账号管理

账号管理是身份管理平台内的一个关键功能项，旨在帮助管理员完成全校身份账号数据的增加、删除、修改、过期设置、锁定/解锁和加入组操作。同时，还提供高校使用场景特有的功能即转为校友功能。

2. 认证管理

认证管理用于管理全校已经集成的所有应用系统，每个集成的应用系统均需要一个认证应用账号来进行身份认证集成和SSO集成。全校已经集成的应用系统在此功能中一目了然。

3. 授权管理

对群组授权、用户授权、批量授权提供统一的管理渠道,并提供统计分析。

4. 系统管理

系统管理功能主要包括一些对平台运行起支撑作用的数据管理和功能设置,包括操作日志管理、管理员管理和配置管理功能。

(五) 审计管理

安全审计功能旨在为管理员及时发现问题,可发现账号、认证和授权中出现的一些问题。

(六) 监控管理

为管理员提供了监控各项服务运行状态的平台,管理员可实时掌握系统的运行状态。

第六章　智慧校园的管理实施

第一节　智慧校园的安全

一、网络安全概述

互联网正在成为我们这个时代不可或缺的基础设施，随着互联网与各个行业深度融合，"互联网+"时代下，网络安全和信息安全正在成为公司、行业乃至国家维度上一个非常重要的话题。网络安全不再只是技术问题，而是业务以及管理问题。

（一）网络安全的概念

网络安全是一门涉及计算机科学、网络技术、通信技术、密码技术、信息安全技术、应用数学、数论、信息论等多种学科的综合性学科。狭义的网络安全主要是指网络系统的硬件、软件及系统中的数据受到保护，不因偶然的或者恶意的原因而遭到破坏、更改、泄露，系统连续、可靠、正常地运行，网络服务不中断。从广义来说，凡是涉及网络信息保密性、完整性、可用性、真实性和可控性的相关技术和理论都是网络安全的研究范畴。

国际标准化组织（ISO）引用ISO7498-2文献中对安全的定义是：为数据处理系统建立和采用的技术和管理的安全保护，保护计算机硬件、软件和数据不因偶然和恶意的原因遭到破坏、更改和泄露，保护信息的可用性、完整性和保密性，即最大限度地减少数据和资源被攻击的可能。

加强网络信息系统安全性，对抗安全攻击而采取的一系列措施称为安全服务。安全服务的主要内容包括：安全机制、安全连接、安全协议和安全策略等，它们能在一定程度上弥补和完善现有操作系统和网络信息系统的安全漏洞。关于安全服务与有关机制的一般描述，可参见 ISO 模型中的国际标准 ISO7498-2：《信息处理系统开放系统互连基本参考模型第 2 部分：安全体系结构》。该标准为开放系统互连描述了安全体系结构的基本参考模型，并确定在参考模型内部可以提供这些安全服务与安全机制的位置。ISO7498-2 中定义了五大类可选的安全服务。

1. 鉴别

用于保证通信的真实性，正式接收的数据就来自所要求的源方，包括对等实体鉴别和数据源鉴别。数据源鉴别连同无连接的服务一起操作，而对等实体鉴别通常与面向连接的服务一起操作，一方面可确保双方实体可信，另一方面可确保该连接不被第三方干扰，如假冒其中的一方进行非授权的传输或接收。

2. 访问控制

用于防止对网络资源的非授权访问，保证系统的可控性。访问控制可以用于通信的源或目的，或是通信链路上的某一地方。一般用在应用层，也可在传输层尝试访问控制。

3. 数据保密性

用于加密数据以防被窃听，服务可根据保护范围的大小分为几个层次。例如，可保护一定时间范围内两个用户之间传输的所有数据；也可以对单个消息的保护或对一个消息中某个特定字段的保护。

4. 数据完整性

用于保证所接受的消息为未经复制、插入、篡改、重排或重放，主要用于防止主动攻击。此外，还能对遭受一定程度毁坏的数据进行恢复。数据完整性可用于一个消息流、单个消息或一个消息中的所选字段。

5. 不可否认

用于防止通信双方中某一方抵赖所传输的消息。接收者能够证明信息的确是消息的发送者发出的，而发送者能够证明这一消息的确已被接收者接收了。

(二) 网络安全面临的威胁及其发展趋势

互联网蓬勃发展，网络规模不断扩大，网络应用水平不断提高，成为推动经济发展和社会进步的巨大力量。与此同时，网络和业务发展过程中也出现了许多新情况、新问题、新挑战，360公司发布的《2017年中国互联网安全报告》指出，在对197.9万个网站漏洞检查中发现，46.3%的网站有漏洞。其中，高危漏洞占7.1%。从漏洞统计数据看，有将近一半的网站都存在漏洞，网站安全形势不容乐观。腾讯公司发布的《2017年上半年互联网安全报告》显示，仅2017年上半年，腾讯安全反病毒实验室在计算机端总计拦截病毒超过10亿次，平均每月拦截木马病毒近1.7亿次，相较于2016年下半年病毒拦截总量增长30%。而在移动端，二维码成了最容易导致用户手机中毒的渠道。报告分析认为，恶意程序和木马病毒制作成本降低、传播渠道多样化是造成用户感染病毒的重要因素。

1. 导致网络不安全的主要原因

系统漏洞，黑客利用计算机操作系统漏洞实施攻击，导致信息泄露丢失。

网络协议的开放性，TCP/IP协议作为因特网的基础，在最初设计时，主要考虑传输的可靠性，未考虑安全问题，缺乏相应的安全机制，导致出现网络安全隐患。

人为因素，用户安全意识淡薄、操作不当，以及黑客攻击、计算机犯罪等人为因素，为信息系统带来风险和损失。

2. 安全威胁类型

信息系统面临的某些因素（人、物、事件、方法等）导致的系统危害，我们统称为安全威胁。常见的安全威胁有以下几类：

窃听：攻击者通过监视网络数据获得敏感信息；重传：攻击者先获得部

分或全部信息，而后将此信息发送给接收者；伪造：攻击者将伪造的信息发送给接收者；篡改：攻击者对合法用户之间的通信信息进行修改、删除、插入，再发送给接收者；否认：参与数据通信的实体，事后拒绝承认收到相关信息；拒绝服务攻击：攻击者通过某种方法使系统响应减慢甚至瘫痪，阻碍合法用户获得服务；非授权访问：没有预先经过同意，就使用信息资源；病毒、恶意代码：恶意代码指恶意破坏计算机系统、窃取信息或秘密接受远程操控的程序。恶意代码由不良用户故意传播，隐藏在计算机系统中。包括：木马程序、计算机病毒、后门程序、蠕虫病毒以及僵尸网络等。恶意代码通过网络传播，破坏性非常高，而且很难防范。

这些安全威胁危及信息安全的不同属性。信息泄露危及机密性；篡改、伪造和仿冒危及真实性和完整性；否认危及不可否认性，网络攻击危及系统可用性；恶意代码则危及可用性、机密性及可控性等。

3. 网络安全技术发展趋势

随着物联网、云计算、大数据等新技术的应用，网络边界被拉伸模糊，新型攻击技术不断出现，如：针对虚拟化技术的安全攻击、针对物联网硬件的安全攻击，以及各种各样针对 WEB 应用的攻击等。未来面对的网络安全问题将更加复杂化，只有不断进步的网络安全技术才能应对新的安全风险带来的挑战。近年来，网络安全技术发展趋势如下。

（1）可信技术

可信技术用于提供从终端到网络的整体可信环境，是一个系统工程。具体包括：可信对象、可信网络和可信计算。可信计算是在计算和通信系统中广泛使用基于硬件安全模块支持下的可信计算平台，以提高系统整体的安全性。

（2）云安全技术

目前云安全技术主要分两类，一类是云计算带来的安全技术演进，如 360 云查杀个人杀毒软件，统一威胁管理 UTM 以及基于云计算技术的下一代防火墙 NGFW 等；另一类是基于虚拟化的云安全技术，如数据隐私管理，访问控制技术等。

(3) 针对性的安全技术

旨在应对影响范围广泛，危害性强的网络安全威胁。如 WEB 防火墙、反垃圾邮件网关、漏洞扫描设备等。

(4) 网络空间安全概念

1991 年 9 月《科学美国人》出版《通信、计算机和网络》专刊，第一次出现"网络空间"。美国国家安全 54 号总统令和国土安全 23 号总统令对网络安全的定义是："连接各种信息技术的网络，包括互联网、各种电信网、各种计算机系统，及各类关键工业中的各种嵌入式处理器和控制器。在使用该术语时还应该涉及虚拟信息环境，以及人和人之间的相互影响。"关于网络安全的基础设施，是非常大的范围。底层包括现在的互联网，也包括控制系统，计算机的硬件和软件以及各种服务。在此之上包括光纤通信、各种通信技术以及上层各种各样的应用技术。

二、智慧校园网络安全建设策略

(一) 网络安全技术保障措施

第一，物理安全技术措施。机房须按照国家和学校规定，安装符合要求的避雷装置、灭火和火灾自动报警系统；采取防雨水措施，防止雨水、水蒸气结露和地下积水；设置温、湿度自动调节设施，控制机房温、湿度在设备运行所允许范围之内，保证双路供电，电源线和通信电缆应隔离，避免互相干扰；采用接地方式防止外界电磁干扰和设备寄生耦合干扰。

第二，网络安全技术措施。网络核心交换机、路由器等网络设备要冗余配置，合理分配网络带宽；建立业务终端与业务服务器之间的访问控制；财务管理系统、校园一卡通管理系统等，涉及校内资金管理流通的信息系统应搭建专用的软硬件平台和专用传输网络，实现与校园网的物理隔离。

加强校园网出口安全防护和监测，采用防火墙和入侵防护设备（IPS）对网络边界实施访问审查和控制，边界日志保存时间应大于六个月。

第三，主机安全技术措施。对提供互联网信息服务的服务器，使用单位应做好开启日志、防病毒、防黑客攻击的措施。

信息系统使用单位应加强信息系统的账号管理和权限管理,规范系统管理员账号和特权账号的密码设定规则,避免使用过于简单的密码,并做到定期更换。管理员账号和特权账号不得交予他人登录系统。信息系统授权应采取最小化授权原则,不得授予超出工作内容范围的信息系统管理与操作权限。

第四,数据安全技术措施。制订备份与恢复计划,根据业务实际需要对重要数据和信息系统进行备份,定期测试备份与恢复计划,并确保备份数据和备用资源的有效性。

第五,管理与监督。任何单位和个人,不得私自设立互联网服务器或自建联网的应用系统。需要开设联网信息服务的单位,须向学校提出书面申请,通过技术评估、备案后方可对外提供服务。

定期利用扫描设备或委托第三方安全评测机构,对校内信息系统安全性进行安全检查和评测,发现安全隐患较为严重的信息系统,对其主管单位提供安全检测报告和整改要求。接到报告后,主管单位须立即组织人员进行整改、修复和加固,不能达到整改要求的,可关闭其对外服务,整改合格后系统方可上线运行。

深化信息安全监测手段,扩展监控范围,实现对各类网络及边界、网站及应用系统、终端以及密钥使用情况等的全方位、实时安全监控,做好信息安全监测预警、指标发布及深化治理工作。

(二) 智慧校园大数据安全及隐私保护

1. 大数据中的用户隐私保护

大量事实表明,大数据未被妥善处理会对用户的隐私造成极大的侵害。大数据关键在于数据分析和利用,但数据分析技术的发展,对用户隐私产生极大的威胁。在大数据时代,想屏蔽外部数据商挖掘个人信息是不可能的。

2. 大数据存储安全问题

大数据会使数据量呈非线性增长,而复杂多样的数据集中存储在一起,多种应用的并发运行以及频繁无序的使用状况，有可能会出现数据类别存放错位的情况，造成数据存储管理混乱或导致信息安全管理不合规范。

3. 大数据共享安全性问题

要想从根本上对大数据信息安全进行防护，应当优先考虑从大数据技术的使用、平台建设、运行管理、风险评估等各个方面来完善数据安全管理体系的标准建设，数据安全管理体系架构自下而上分为：数据分析层、敏感数据隔离交换层、数据防泄漏层、数据脱敏层和数据库加固层，从而组成完善的数据标准体系和安全管理体系。

4. 智慧校园大数据安全管理平台技术支撑

数据安全分析技术，以安全对象管理为基础，以风险管理为核心，以安全事件为主线，运用实时关联分析技术（如 Hadoop、Spark、HDFS、MapReduce 等），智能推理技术和风险管理技术，通过对海量信息数据进行深度归一化分析，结合有效的网络监控管理，安全预警响应和工单处理等功能，实现对数据安全信息深度解析，最终帮助企业实现整网安全风险态势的统一分析和管理。

敏感数据隔离交换技术，首先，对用户定义为敏感、涉密的数据进行特征的提取，可以包括非结构化数据、结构化数据、二进制文件等，形成敏感数据的特征库，当有新的文件需要传输的时候，系统对新文件进行实时的特征比对，敏感数据禁止传输。其次，通过管理中心统一下发策略，可以在存储敏感数据的服务器或者文件夹中利用用户名和口令主动获取数据，对相关的文件数据进行检测，并根据检测结果进行处置。

数据防泄露技术，主要采用软件控制、端口控制等有效手段对计算机的各种端口和应用实施严格的控制和审计，对数据的访问、传输及推理进行严格的控制和管理。通过深度内容识别的关键技术，进行发送人和接收人的身份检测、文件类型检测、文件名检测和文件大小检测，来实现对敏感数据在传输过程中的有效管控，定时检查，防止未经允许的数据信息被泄漏，保障数据资产可控、可信、可充分利用。

数据加密技术，为了保证大数据在传输过程中的安全性，需要对信息数据进行相应的加密处理。通过数据加密系统对要上传的数据流进行加密，对要下载的数据同样要经过对应的解密系统才能查看。

数据库安全加固技术，数据库安全加固核心技术为数据库状态监控、数据库风险扫描、数据库审计、数据库防火墙和数据库透明加密技术。通过构建数据库安全加固平台，以"第三者"的角度观察和记录网络中对数据库的一切访问行为，从源头保护数据，建立纵深防护体系。

大数据带来了新的安全问题，但它自身也为解决信息安全技术带来了新的思路。大数据时代，各类数据信息安全威胁不尽相同，只有不断地进行技术创新，提前预防预警安全风险，才能实现安全可视的目标。

第二节　智慧校园的维护

一、智慧校园的维护任务

智慧校园的维护主要是针对已经构建的各系统采取相关的管理办法和技术手段，对运行环境和业务系统等进行维护和管理，以保障智慧校园稳定运转的工作。

二、智慧校园的运维管理体系

运维管理体系包含为了达到智慧校园运维管理的目标所建立的方针政策、组织机构、规章制度、流程规范和技术手段等。

（一）运维管理体系的建设目标

智慧校园运维管理体系的建设目标是建立运维管理的组织机构，制定科学有序的规章制度和管理流程，实施统一的运行维护规范，应用运维管理工具搭建运维管理平台，保障智慧校网的稳定运转。运维管理体系的建设应遵循ITIL和ISO20000标准。

（二）运维管理体系的内容

智慧校园的运维管理体系包括运维管理的对象、组织结构、规章制度、管理流程及工具等。智慧校园运维管理的对象主要为基础设施和应用支撑环境，包括链路管理、机房及配线间管理、网络管理、服务器管理、应用系统软件运行环境管理、多媒体或智慧教室管理、多功能会议室管理、安防监控管理、数字广播管理、数字电视台管理等。

（三）运维管理的实施

智慧校园的运维管理应明确管理对象，针对不同的管理对象确定管理目标，设立相应的组织机构及人员，制定相关的规章制度，针对运维管理的各环节工作制定标准的管理流程，并采用多种运维管理工具搭建管理平台。

（四）运维管理的组织机构

智慧校园运维管理的组织机构分为：信息主管部门、业务部门和第三方服务商。

信息主管部门中应设置网络运维管理人员、信息系统运维管理人员和数据中心运维管理人员。

业务部门中应设置专职或兼职的网络管理员和应用系统管理员。

第三方服务商包括设备厂商、业务系统提供商及运维服务商。

（五）运维管理的制度和流程

运维管理的制度应包括IT资产管理制度、网络管理制度、机房及配线间管理制度、知识管理制度、应用软件管理制度等。

运维管理流程应包括服务台流程、资产及资源管理流程、知识管理流程、故障和事件处理流程等。

（六）运维管理工具

运维管理工具是指为达到运维管理的目标，促进运维管理的规范化、流程化，提升运维管理的效率，针对运维管理的各项内容所采用的支撑工具，包括服务台、IT资产管理、IT项目管理、IT运行管理、IT流程或调度管理、IT系统优化和决策支持等功能的软件系统工具。

第三节　智慧校园的应用推广

一、智慧校园应用与推广的任务

智慧校园的应用与推广主要指利用已经构建的技术系统和数字化资源，创新教育教学模式，提升师生的信息素养和职业技能，优化学校的管理流程，提高教育管理和服务质量，深化和拓展信息化应用层次和范围。

智慧校园应用与推广的任务包括师生和管理人员信息化意识和能力的提升、人员培训体系和机制的建设、信息化政策和激励机制的建设、教育技术服务体系的建设。数字校园的系统建设完成后，管理与维护、应用与推广这两个阶段在实践中通常是并行的。

二、智慧校园应用与推广的策略

智慧校园的应用与推广需要学校内部的管理部门、职能部门的教职工相互协调与配合。在智慧校园的应用上要结合学校自身情况，根据机构设置、政策制度、应用层次、技术体系、使用人群等方面的情况制定对应的推广策略。

（一）建立与强化保障机制

智慧校园在推进过程中，面临最大的阻力往往不是技术，而是管理流程、政策、机制的束缚。因此，学校在加快和保障智慧校园应用与推广的过程中，一定要建立和强化各项保障机制，其中，建立强有力的组织领导体系在应用与推广初期尤为重要。由学校主要领导担任信息化建设领导小组组长，各部门、院系负责人担任信息化推进工作子系统负责人，统一规划，明确职责，加强监督检查，确保智慧校园在运行期间的正常运行和问题的及时反馈。

（二）建立全员信息化培训体系

智慧校园应用与推广运行期间，坚持对学校运维人员、系统与设备具体的管理与使用人员进行集体培训与单独辅导，以培训促应用，以培训促推广，以培训促创新。

学校需要制定信息化建设的培训政策、培训评估体系、培训费用制度、培训绩效考核等一系列与信息化培训相关的制度，保证信息化培训的有序进行。在培训内容上需建立信息化意识、信息化伦理、信息化知识、信息化技能，以及借助信息技术完成业务的能力等多方位的培训内容体系，使教师与学生的信息素养和职业技能得到切实的提升。

（三）加强支持力度，营造良好信息化使用环境

学校可设立信息化建设业务支持小组，在智慧校园应用初期收集教职工及学生的意见，指导协助系统初始数据的分析与录入，针对教职工、学生在应用过程中所遇到的问题及时提供处理意见和方法。

良好的信息化使用环境可以给教师与学生带来更好的教与学的氛围，在智慧校园应用与推广过程中，要激发学生及教师对信息化工具的使用兴趣，创造信息化教学、信息化学习、信息化管理的全员参与的积极氛围，切实提升教师与学生的使用满意度。

（四）试点应用，逐一推广

由于智慧校园涉及的人员、业务范围较大，且实施周期较长，学校在智慧校园的应用与推广上，可以统一规划，分批次试点，逐一推广。例如，可在教务管理、学生管理等系统中选定一个或几个功能模块优先推广应用，使教职工与学生能够逐渐熟悉了解系统的操作，切实体会到信息化系统带来的便利后，再逐渐推广系统其他模块，实现由点到线再到面的推进过程，其他覆盖面较小的系统可以直接投入使用。

第四节　智慧校园的评价反馈

智慧校园评价定位为水平评价和诊断性评价，即判定智慧校园的建设水平，发现智慧校园建设和发展中存在的问题，并给出改进方案。在评价中，不建议给智慧校园划分优秀、良好、合格、不合格四个等级,取而代之采用"星级"标识法区分不同智慧校园的建设水平。根据智慧校园的建设情况和应用,可以把智慧校园建设分为一星级智慧校园、二星级智慧校园、三星级智慧校园、四星级智慧校园、五星级智慧校园。

一、智慧校园评价反馈的目的

智慧校园的评价反馈对于促进智慧校园的发展具有重要的作用。通过评价反馈可以及时发现智慧校园建设中的问题,从而能够及时给予建设性、指导性意见,以促进智慧校园更好地发展,更好地有效支持学校各项业务的开展。

对智慧校园评价反馈主要有如下目的。

第一,从国家、省市和区县层面来看,通过智慧校园评价反馈,国家、省市和区县可以全面了解智慧校园的整体推进情况,以及在具体建设中存在的共性问题等,以便在政策上给予引导和支持。

第二,从学校层面来看,通过智慧校园评价反馈,学校可以发现智慧校园建设中存在的问题或不完善的地方,以便更好地提出改进措施,保证智慧校园建设沿着正确的轨道运行。

第三,从经验共享的角度看,智慧校园评价是分享各个区县、各个学校智慧校园建设经验的重要手段。通过评价发现的智慧校园建设的经验,可以在其他学校推广应用。

二、智慧校园评价原则

独立性原则。智慧校园评价应排除各方面和各种形式的干预独立地进行。参与评价的人员应该恪守评价的纪律和职业道德,不与被评价学校发生利害关系,依据智慧校园评价标准体系和可靠的数字资料,做出完全独立的评定。

客观性原则。参与智慧校园评价的人员应该具有公正、客观的态度,严格按照智慧校园评价指标体系进行评价，评价结果有充分的事实依据。智慧校园评价后给出的指导性改进意见，切实可行，能反映智慧校园建设和发展中存在的问题。

科学性原则。智慧校园评价过程中，必须依据智慧校园水平评价和诊断性评价定位，采用科学的评价方法，制定科学的评价方案。

可操作性原则。可操作性是智慧校园评价的一项重要原则，没有可操作性的评价是没有任何意义的评价。

三、智慧校园评价方法

（一）自评与他评相结合的方法

自评是指学校依据市级发布的智慧校园评价指标体系进行自我评价。他评包括智慧校园专家的评价和智慧校园用户的评价。智慧校园专家由市级教育部门指定，并委托其完成智慧校园评价任务；智慧校园用户主要有学生、教职工、家长、管理者（智慧校园管理者、学校中层领导及校长等）。

（二）网络评价与现场评价相结合的方法

网络评价，即智慧校园的评价人员在线查询智慧校园的建设情况和运行情况。

现场评价，即智慧校园的评价人员可以根据实际需要，到学校现场了解智慧校园的建设情况，听取智慧校园用户在使用中存在的问题。

（三）全面评价与重点评价相结合的方法

智慧校园的评价涉及智慧校园基础设施、智慧校园资源建设、智慧校园应用水平、智慧校园保障机制等各个方面，在评价中不可能面面俱到、一视同仁。教育信息化发展到了重视应用的阶段，智慧校园的建设也是如此。在智慧校园评价中，重点突出评价智慧校园的应用水平。应用水平不高的智慧校园，即使建设投入资金很多，基础设施相当完备，也不是一所高水平的智慧校园。在智慧校园评价中，重要指标将给予特殊控制。

(四)静态评价与动态评价相结合的方法

智慧校园的评价,既要重视评价期间智慧校园的建设和应用情况,又要重视智慧校园日后的建设和应用情况。评价中要关注智慧校园是否真正发挥了效用,是否真正支持了教育教学改革,是否真正提升了学校的办学水平。在智慧校园发展中,动态评价智慧校园具有重要的意义。

四、智慧校园评价指标的设置

目前我国各级行政部门与学校已经开始逐步制定和发布智慧校园建设的标准和评价指标体系,举例如下:

江苏省分别在 2015 年与 2018 年发布《江苏省职业学校智慧校园建设评价指标体系(2015 版)》和《江苏省职业学校智慧校园建设评价指标体系(2018 版)》。其中,2018 版在 2015 版的基础上进行精简,将评价项目分为师生发展、应用服务、数字资源、基础设施、组织保障五个部分,指标共 28 大类 80 小项,评价总分值 300 分。

2016 年,广州市发布《广州市中小学(中等职业学校)智慧校园建设与应用标准体系(试行)》。其中,中等职业学校智慧校园建设与应用标准体系分为机制与保障、智慧校园基础支撑环境、智慧教育应用能力、智慧型队伍建设、示范与辐射 5 个一级指标,基础设施、应用系统及数字资源、教学及科研应用等 15 个二级指标。

2020 年 1 月,浙江省发布了《浙江省高校智慧校园建设评价指标体系(试行)》,该指标采用三级指标制,以定性导向为主,坚持定性与定量相结合,注重应用绩效,包括治理体系、智慧环境、智慧教学、网络安全、特色与创新等 5 个一级指标,以及 19 个二级指标、61 个三级指标和 82 个观测点,总分值 1000 分。

参考文献

[1] 李进生、林艳华、宋玲琪等：《智慧校园基础》，北京：首都经济贸易大学出版社 2021 年版。

[2] 王运武、于长虹：《智慧校园——实现智慧教育的必由之路》，北京：电子工业出版社 2016 年版。

[3] 何锡涛：《智慧教育》，北京：清华大学出版社 2012 年版。

[4] 杨现民、陈耀华：《信息时代智慧教育研究》，上海：上海交通大学出版社 2013 年版。

[5] 张芳：《"互联网＋"背景下的高校信息化建设》，北京：经济科学出版社 2019 年版。

[6] 胡英君、滕悦然：《智慧教育实践》，北京：人民邮电出版社 2019 年版。

[7] 樊铁成、蒋磊宏：《高等学校智慧校园应用案例集》（第一辑），北京：清华大学出版社 2017 年版。

[8] 黄荣怀、张进宝、胡水斌等：《智慧校园：数字校园发展的必然趋势》，载《开放教育研究》，2012 年第 14 期。

[9] 陈瞳：《大数据技术在构建智慧校园中的应用》，载《电子技术与软件工程》，2019 年第 7 期。

[10] 崔迪：《浅谈云计算技术在智慧校园设计中的应用》，载《科技创新导报》，2013 年第 11 期。

[11] 黄荣怀：《智慧教育的三重境界：从环境、模式到体制》，载《现代远

程教育研究》，2014年第6期。

[12] 蒋东兴、付小龙、袁芳等：《高校智慧校园技术参考模型设计》，载《中国电化教育》，2016年第9期。

[13] 黄济、王策三：《现代教育论》，北京：人民教育出版社1996年版。

[14] 李志刚：《大数据——大价值、大机遇、大变革》，北京：电子工业出版社2012年版。

[15] 张平伟：《大学信息化与资源计划管理》，北京：科学出版社2011年版。

[16] 王道俊、王汉澜：《教育学》，北京：人民教育出版社1999年版。

[17] 桑新民：《学习科学与技术：信息时代大学生学习能力培养》，北京：高等教育出版社2004年版。

[18] 毕瑞：《大学生信息素养教育现状调查及对策研究》，载《科教导刊（上旬刊）》，2014年第7期。

[19] 陈琳、陈耀华、李康康等：《智慧教育核心的智慧型课程开发》，载《现代远程教育研究》，2016年第1期。

[20] 何克抗：《我国教育信息化理论研究新进展》，载《中国电化教育》，2011年第1期。

[21] 聂鑫：《信息素养概念界定研究进展》，载《图书馆学研究》，2005年第7期。

[22] 朱明月、王运武：《国内数字校园研究综述分析：基于2010—2012年文献》，载《中国教育网络》，2011年第11期。

[23] 祝智庭：《智慧教育：教育信息化的新境界》，载《电化教育研究》，2012年第12期。

[24] 宗平：《智慧校园设计方法的研究》，载《南京邮电大学学报（自然科学版）》，2010年第4期。

[25] 黄荣怀、杨俊峰、胡永斌：《从数字学习环境到智慧学习环境》，载《开放教育研究》，2012年第1期。

［26］黄荣怀、张进宝、胡永斌等：《智慧校园：数字校园发展的必然趋势》，载《开放教育研究》，2012 年第 4 期。

［27］陈卫东、叶新东、许亚峰：《未来课堂：智慧学习环境》，载《远程教育杂志》，2012 年第 5 期。

［28］蒋家傅、钟勇、王玉龙等：《基于教育云的智慧校园系统构建》，载《现代教育技术》，2013 年第 2 期。

［29］朱洪波：《南京邮电大学基于物联技术的"智慧校园"建设与规划》，载《中国教育网络》，2011 年第 11 期。

［30］黄宇星、李齐：《基于网络智慧校园的技术架构及其实现》，载《东南学术》，2012 年第 6 期。